Martine Delaud

Klett

Französisch üben

bis es sitzt

1.–4. Lernjahr

380 Kurz-Tests

Klett Lerntraining

Der Titel besteht aus 978-3-12-927542-9.

Bibliografische Information der Deutschen Nationalbibliothek
Die Deutsche Nationalbibliothek verzeichnet diese Publikation in der Deutschen Nationalbibliografie; detaillierte bibliografische Daten sind im Internet über http://dnb.dnb.de abrufbar.

5. Auflage 2026

www.klett-lerntraining.de/kontakt
Cover: Shutterstock, New York: peterschreiber.media
Satz: tebitron gmbh, Gerlingen
Druck: Florjančič tisk d.o.o., Maribor
Printed in Slovenia
ISBN 978-3-12-927628-0

Willst du dich auf einen Test oder eine Klassenarbeit vorbereiten?
Oder willst du einfach zwischendurch überprüfen, wie fit du bist?

In diesem Buch findest du 380 kurze Testaufgaben, mit denen du dich entweder überprüfen kannst oder auch üben kannst, bis das Thema richtig sitzt.

So gehst du mit diesem Buch um:

1. Im Inhaltsverzeichnis sind alle wichtigen Themen übersichtlich aufgelistet. Suche das Thema heraus, das du üben möchtest.

2. Alle Kurztests sind in 3 Schwierigkeitsstufen eingeteilt. An den drei Sternchen erkennst du, ob ein Kurztest leicht ★☆☆, mittelschwierig ★★☆ oder schwierig ★★★ ist.

3. Wenn du einen Kurztest bearbeitet hast, kannst du anhand der Lösungen überprüfen, ob du alles richtig gemacht hast. Die Lösungen zu jedem Kurztest stehen auf dem Kopf unten auf jeder Seite.

4. Um festzuhalten, wie gut du in deinem bearbeiteten Kurztest warst, kannst du den passenden Smiley ☺ 😐 ☹ direkt beim Test abhaken.

Viel Erfolg bei deinem Test und in deiner Klassenarbeit wünscht dir

das Team der Klett Lerntraining-Redaktion

So gut war ich.

1 ★★☆ Maskulin oder feminin?

Schreibe die Nomen in die richtige Spalte. Füge *un*/*une* hinzu.

~~mot~~ – journal – phrase – fille – livre – lettre – dessin – lecture – salle – devoir – histoire – faute – liste – solution – numéro – pièce – langue – horaire – e-mail

Maskulin	Feminin
un mot,	

So gut war ich.

2 ★★☆ Wie im Deutschen oder nicht?

Viele französische Nomen sehen ihrer deutschen Entsprechung zwar ähnlich, aber sie haben nicht immer das gleiche Geschlecht. Trage *un* oder *une* ein.

a) Brad Pitt est ________ star de cinéma.

b) La journaliste fait ________ interview de l'acteur.

c) Il tourne ________ film dans ________ studio de Nice.

d) Dans son film, il a ________ rôle pas très sympa.

e) Il est le chef d' ________ groupe de voleurs.

f) Ils volent des tableaux dans ________ tour de New-York.

1 maskulin: un mot; un journal; un livre; un dessin; un devoir; un numéro; un horaire; un e-mail.
feminin: une phrase; une fille; une lettre; une lecture; une salle; une histoire; une faute; une liste; une solution; une pièce; une langue.
2 a) une star; **b)** une interview; **c)** un film; un studio; **d)** un rôle; **e)** un groupe; **f)** une tour.

3 ★☆☆ *Un … des*

So gut war ich.

Ergänze in der Tabelle die Pluralformen der Nomen.

Singular	Plural
a) un jour	des
b) une image	des
c) une rencontre	des
d) un sportif	des
e) un Français	des
f) un appareil	des

Singular	Plural
g) un euro	des
h) un projet	des
i) une vague	des
j) une fille	des
k) un livre	des
l) un devoir	des

4 ★★☆ Im Singular oder im Plural?

So gut war ich.

Trage die Nomen in die richtigen Spalten ein.

mois – gâteaux – train – bus – langues – temps – classes – travaux – CD – découverte – repas – idée – Français

Singular	Plural	Gleiche Form im Singular und im Plural

3 a) des jours; **b)** des images; **c)** des rencontres; **d)** des sportifs; **e)** des Français; **f)** des appareils; **g)** des euros; **h)** des projets; **i)** des vagues; **j)** des filles; **k)** des livres; **l)** des devoirs.
4 Singular: train; découverte; idée. **Plural:** gâteaux; langues; classes; travaux.
Gleiche Form: mois; bus; temps; CD; repas; Français.

5 ★★☆ Spezielle Pluralformen

So gut war ich.

Schreibe die Sätze ab und setze dabei die farbigen Nomen in den Plural.

a) Elle achète un cadeau. ______________________________

b) Il y a un oiseau dans l'arbre. ______________________________

c) Il met une annonce dans le journal. ______________________________

d) Tu as un animal chez toi ? ______________________________

e) On fait un jeu ensemble ? ______________________________

f) Ici, le repas n'est pas cher. ______________________________

g) Ils font un travail. ______________________________

h) Notre classe a gagné un prix. ______________________________

i) On va à un festival de musique. ______________________________

6 ★★★ Der Plural der zusammengesetzten Nomen

So gut war ich.

Kreuze die richtige Form an.

a) J'ai ◯ des rendez-vous ◯ des rendezs-vous.

b) Prenez ◯ vos sacs à dos ◯ vos sac à dos.

c) On passe ◯ nos après-midi ◯ nos après-midis sur la plage.

d) Ils ont ◯ deux salles de bains ◯ deux salles de bain.

e) Ce sont ◯ des portes-bonheur ◯ des porte-bonheur.

f) ◯ Ses grands-mères ◯ Ses grand-mères habitent en France.

5 a) des cadeaux; **b)** des oiseaux; **c)** les journaux; **d)** des animaux; **e)** des jeux; **f)** les repas ne sont pas chers; **g)** des travaux; **h)** des prix; **i)** des festivals.

6 a) des rendez-vous; **b)** vos sacs à dos; **c)** nos après-midi; **d)** deux salles de bains; **e)** des porte-bonheur; **f)** Ses grands-mères.

7 ★☆☆ Die ganze Welt

So gut war ich. ☺ 😐 ☹

Trage die passende Form des bestimmten Artikels ein.
Tipp: Ländernamen, die auf *-e* enden, sind fast immer feminin (weiblich).

a) Je voudrais visiter ________ Chine et ________ Tibet.

b) Je ne connais pas encore ________ Finlande et ________ Norvège.

c) Mais j'ai déjà visité ________ Danemark et ________ Suède.

d) Dans le sud de ________ Europe, je connais ________ Italie, ________ Espagne mais pas ________ Portugal.

e) ________ Suisse et ________ Belgique sont des pays où on parle français.

f) J'ai mon billet pour ________ Etats-Unis.

8 ★★☆ Länder und Kontinente

So gut war ich. ☺ 😐 ☹

Übersetze die Namen der Länder und Kontinente und schreibe sie mit dem bestimmten Artikel.

Beispiel: (Afrika) *L'Afrique* est un très grand continent.

a) (Portugal) ____________________ est au sud de (Europa) ________.

b) (Algerien) ____________________ a été une colonie française.

c) Pour mon stage, je peux choisir entre (England) ____________________ et (Österreich) ____________________.

d) (Russland) ____________________ participe au concours.

e) (Deutschland) ____________________ a gagné le match.

f) (Die Niederländer) ____________________ m'intéressent.

g) Cette année, je vais visiter (Amerika) ____________________.

7 a) la Chine; le Tibet; **b)** la Finlande; la Norvège; **c)** le Danemark; la Suède; **d)** l'Europe; l'Italie; l'Espagne; le Portugal; **e)** La Suisse; la Belgique; **f)** les Etats-Unis.
8 a) Le Portugal; l'Europe; **b)** L'Algérie; **c)** l'Angleterre; l'Autriche; **d)** La Russie; **e)** L'Allemagne; **f)** Les Pays-Bas; **g)** l'Amérique.

9 ★☆☆ Feminin oder maskulin?

So gut war ich.

Setze *un / une* vor die folgenden Nomen.

a) ________ copain
b) ________ copine
c) ________ anniversaire
d) ________ fête
e) ________ cadeau
f) ________ jeu
g) ________ film
h) ________ chambre
i) ________ appartement
j) ________ maison
k) ________ rue
l) ________ quartier
m) ________ ville
n) ________ adresse
o) ________ e-mail
p) ________ ordinateur
q) ________ école
r) ________ collège
s) ________ salle
t) ________ livre
u) ________ page
v) ________ projet
w) ________ exercice
x) ________ solution

10 ★☆☆ Der Plural

So gut war ich.

Bilde die Pluralformen.

Singular	Plural
a) un chien	*des chiens*
b) un chat	
c) un garçon	
d) une fille	
e) un ami	
f) une amie	

Singular	Plural
g) un portable	
h) un numéro	
i) une possibilité	
j) un devoir	
k) un texte	
l) un mot	

9 a) un copain; **b)** une copine; **c)** un anniversaire; **d)** une fête; **e)** un cadeau; **f)** un jeu; **g)** un film; **h)** une chambre; **i)** un appartement; **j)** une maison; **k)** une rue; **l)** un quartier; **m)** une ville; **n)** une adresse; **o)** un e-mail; **p)** un ordinateur; **q)** une école; **r)** un collège; **s)** une salle; **t)** un livre; **u)** une page; **v)** un projet; **w)** un exercice; **x)** une solution.

10 a) des chiens; **b)** des chats; **c)** des garçons; **d)** des filles; **e)** des amis; **f)** des amies; **g)** des portables; **h)** des numéros; **i)** des possibilités; **j)** des devoirs; **k)** des textes; **l)** des mots.

So gut war ich.

11 ★☆☆ Im Singular oder im Plural?

Finde die passende Singular- oder Pluralform. Verwende immer den unbestimmten Artikel.

a) des années		**g)** un billet	
b) des idées		**h)** des plages	
c) une montagne		**i)** des cartes	
d) une voisine		**j)** des caisses	
e) des sœurs		**k)** un bouchon	
f) un appareil		**l)** des chambres	

So gut war ich.

12 ★★☆ Alle Formen

Ergänze die unbestimmten Artikel.

Je m'appelle Julie.

a) J'ai ________ frère et ________ sœur.

b) J'habite dans ________ petite ville.

c) Il y a ________ place principale avec ________ arbres et ________ cafés.

d) Dans le centre, on trouve ________ boulangerie et ________ magasins.

e) Il y a aussi ________ école et ________ collège.

f) Et pour sortir, nous avons ________ cinémas et ________ restaurants.

g) Moi, je joue souvent dans ________ square près de chez moi.

h) Je suis là avec mon chien et je fais ________ dessins.

11 a) une année; **b)** une idée; **c)** des montagnes; **d)** des voisines; **e)** une sœur; **f)** des appareils; **g)** des billets; **h)** une plage; **i)** une carte; **j)** une caisse; **k)** des bouchons; **l)** une chambre.
12 a) un frère, une sœur; **b)** une petite ville; **c)** une place, des arbres, des cafés; **d)** une boulangerie, des magasins; **e)** une école, un collège; **f)** des cinémas, des restaurants; **g)** un square; **h)** des dessins.

13 ★☆☆ Die Singularformen

So gut war ich. ☺ 😐 ☹

Ersetze *un / une* durch *le / la / l'*.

a) une maison		**g)** une école	
b) un bus		**h)** une auberge	
c) une lettre		**i)** une langue	
d) une semaine		**j)** un nom	
e) une couleur		**k)** un été	
f) une faute		**l)** un devoir	

14 ★★☆ Vorlieben und Abneigungen

So gut war ich. ☺ 😐 ☹

Beschreibe deine Interessen. Benutze *j'aime / je préfère / j'adore / je déteste* und den bestimmten Artikel.

Beispiel: *J'aime le foot, mais je déteste le tennis.*

a) (chiens / chats)

____

b) (été / hiver)

____

c) (roller / escalade)

____

d) (vacances / école)

____

e) (pluie / soleil)

____

13 a) la maison; **b)** le bus; **c)** la lettre; **d)** la semaine; **e)** la couleur; **f)** la faute; **g)** l'école; **h)** l'auberge; **i)** la langue; **j)** le nom; **k)** l'été; **l)** le devoir.

14 J'aime / J'adore / Je préfère / Je déteste … **a)** les chiens; les chats; **b)** l'été; l'hiver; **c)** le roller; l'escalade; **d)** les vacances; l'école; **e)** la pluie; le soleil.

So gut war ich.

15 ★★☆ Mischtest

Welcher Artikel gehört hier jeweils hin: der bestimmte oder der unbestimmte? Trage die richtige Form ein.

a) ________ parents d'Emma habitent dans ________ appartement à Paris.

b) Tu regardes souvent ________ télé, ________ soir ?

c) ________ élèves de 4ᵉ C ont ________ devoirs à faire pour ________ lendemain.

d) Emma aime beaucoup ________ animaux. Elle a ________ chiens et ________ chat.

e) ________ propriétaire de l'appartement, Madame Brun, n'aime pas ________ bruit.

f) Pendant ________ vacances d'été, Luc travaille dans ________ librairie.

So gut war ich.

16 ★★☆ Wie sagt man das auf Französisch?

Übersetze ins Französische. Verwende die passenden Artikel.

a) Ich mag Hunde.

____

b) Sie geht mit Freunden aus.

____

c) Er liebt Serien.

____

d) Emmas Bruder heißt Valentin.

____

e) Kinder mögen Pommes frites.

____

f) Sie kauft oft Bücher.

____

15 a) Les parents; un appartement; **b)** la télé; le soir; **c)** Les élèves; des devoirs; le lendemain; **d)** les animaux; des chiens; un chat; **e)** La propriétaire; le bruit; **f)** les vacances; une librairie.
16 a) J'aime les chiens. **b)** Elle sort avec des amis / des copains. **c)** Il aime les séries; **d)** Le frère d'Emma s'appelle Valentin. **e)** Les enfants aiment les frites. **f)** Elle achète souvent des livres.

17 ★☆☆ Aktuelle Telefonnummern

So gut war ich.

Trage den richtigen Possessivbegleiter ein.

Beispiel: Christian habite maintenant à Paris. Voici *son* numéro de téléphone.

a) J'habite à Lyon. Voici __________ numéro de téléphone.

b) Patrick est en vacances à Nice. Voici __________ numéro de téléphone.

c) Valentin et Manon sont en colonie de vacances. Voici __________ numéro de téléphone.

d) Mathilde a changé d'appartement. Voici __________ numéro actuel.

e) Luc et moi, nous habitons ensemble. Voici __________ numéro de téléphone.

f) Oh, mais tu as un autre portable ! Quel est __________ nouveau numéro ?

18 ★☆☆ Wo ist mein Geldbeutel?

So gut war ich.

Kreuze die passende Form an.

a) Je ne trouve plus	◯ ma	◯ mon	◯ mes	porte-monnaie.
b) Tu aimes	◯ ton	◯ ta	◯ tes	école ?
c) Léa est chez	◯ leur	◯ sa	◯ son	copine Chloé.
d) Quel est	◯ votre	◯ vos	◯ ton	nom, monsieur ?
e) J'aime beaucoup	◯ mon	◯ moi	◯ ma	chambre.
f) Nous passons	◯ notre	◯ nos	◯ vos	vacances à la mer.
g) Les élèves aiment	◯ leur	◯ leurs	◯ son	professeur.
h) Ce sont	◯ votre	◯ mon	◯ vos	amis français ?

17 a) mon numéro; **b)** son numéro; **c)** leur numéro; **d)** son numéro; **e)** notre numéro; **f)** ton nouveau numéro.
18 a) mon porte-monnaie; **b)** ton école; **c)** sa copine; **d)** votre nom; **e)** ma chambre; **f)** nos vacances; **g)** leur professeur; **h)** vos amis.

So gut war ich.

19 ★☆☆ Im Plural

Schreibe die Sätze mit der Pluralform der markierten Nomen.

a) Voilà mon cadeau. ____________________

b) La mère parle à sa fille. ____________________

c) Tu invites ton copain ? ____________________

d) Ouvrez votre livre. ____________________

e) On aime notre prof. ____________________

f) Les élèves écoutent leur CD. ____________________

g) Il cherche son t-shirt. ____________________

So gut war ich.

20 ★★☆ In der 3. Person Singular und Plural

Trage die richtige Form des Possessivbegleiters ein.

Beispiel: C'est la classe de Malika ? Oui, c'est *sa* classe.

a) C'est l'appartement des Carbonne ? Oui, c'est __________ appartement.

b) C'est l'e-mail de Marine ? Oui, c'est __________ e-mail.

c) Ce sont les élèves de Mme Bernard ? Oui, ce sont __________ élèves.

d) C'est la sœur de Manon et Valentin ? Oui, c'est __________ sœur.

e) C'est l'anniversaire de Sophie ? Oui, c'est __________ anniversaire.

f) C'est la chambre des filles ? Oui, c'est __________ chambre.

g) Ce sont les parents de Daniel et Louis ? Oui, ce sont __________ parents.

19 a) mes cadeaux; **b)** ses filles; **c)** tes copains; **d)** vos livres; **e)** nos profs; **f)** leurs CD; **g)** ses t-shirts.
20 a) leur appartement; **b)** son e-mail; **c)** ses élèves; **d)** leur sœur; **e)** son anniversaire; **f)** leur chambre;
g) leurs parents.

So gut war ich.

21 ★★☆ „Besitzer“ und „Objekte“ im Satz

Ein „Besitzer“ oder mehrere? Ein „Objekt“ oder mehrere? Kreuze an.

	ein „Besitzer“	mehrere „Besitzer“	ein „Objekt“	mehrere „Objekte“
Maman, où est mon sac de sport ?	x		x	
a) Cathie et Eric écoutent leur grand-mère.				
b) Adrien a invité ses copains.				
c) Les profs font un jeu avec leurs élèves.				
d) Bonjour, mesdemoiselles. Voici votre table.				
e) Luc et moi, nous prenons nos vélos.				
f) Marc, je trouve ta copine très sympa.				

So gut war ich.

22 ★★☆ Gemischte Formen

Formuliere die Sätze wie im Beispiel um.

Beispiel: Alice a un pull noir. *Son pull est noir.*

a) Nous avons des amis français. ______

b) Le prof a une voiture bleue. ______

c) J'ai un vieux vélo. ______

d) Vous avez un grand appartement. ______

e) Les affaires de Nico sont chez moi. ______

f) Elle a un joli prénom. ______

g) Ils ont un fils de douze ans. ______

21 a) mehrere „Besitzer“, ein „Objekt“; **b)** ein „Besitzer“, mehrere „Objekte“; **c)** mehrere „Besitzer“, mehrere „Objekte“; **d)** mehrere „Besitzer“, ein „Objekt“; **e)** mehrere „Besitzer“, mehrere „Objekte“; **f)** ein „Besitzer“, ein „Objekt“.
22 a) Nos amis sont français. **b)** Sa voiture est bleue. **c)** Mon vélo est vieux. **d)** Votre appartement est grand. **e)** Ses affaires sont chez moi. **f)** Son prénom est joli. **g)** Leur fils a douze ans.

So gut war ich.

23 ★★☆ Dies und das

Trage den richtigen Demonstrativbegleiter ein.

a) __________ histoire est bizarre.

b) __________ devoir est difficile.

c) Il faut prendre __________ métro.

d) __________ élève travaille bien.

e) __________ plage est super !

f) Mettez __________ chaises ici.

So gut war ich.

24 ★★☆ Magst du … ?

Kreuze an, ob du etwas magst oder nicht.
Ergänze dann die passenden Demonstrativbegleiter.

Tu aimes…	Oui, j'aime bien …	Non, je n'aime pas …	
… l'escalade ?			a) __________ sport.
… la techno ?			b) __________ musique.
… les souris ?			c) __________ animaux.
… avoir 14 ans ?			d) __________ âge.
… le Sudoku ?			e) __________ jeu.
… le français ?			f) __________ langue.
… la guitare ?			g) __________ instrument.
… Tom Holland ?			h) __________ acteur.

23 a) Cette histoire; **b)** Ce devoir; **c)** ce métro; **d)** Cet élève; **e)** Cette plage; **f)** ces chaises.
24 a) ce sport; **b)** cette musique; **c)** ces animaux; **d)** cet âge; **e)** ce jeu; **f)** cette langue; **g)** cet instrument; **h)** cet acteur.

So gut war ich.

25 ★★☆ Von welcher Sache ist hier die Rede?

Trage die angegebenen Nomen an der richtigen Stelle ein.

pièce – cartes – couleur – monsieur – travail – photos – exercice – étage

a) Ce ________________ est le père de Christian.

b) Moi, j'habite à cet ________________.

c) Ces ________________ postales sont pour ma famille et mes amis.

d) Il a trouvé ce ________________ sur Internet.

e) Je ne comprends pas cet ________________, toi oui ?

f) Cette ________________ est très grande.

g) J'ai fait ces ________________ pendant les vacances.

h) Alice porte souvent du noir. Moi, je n'aime pas cette ________________.

So gut war ich.

26 ★★★ Demonstrativ - oder Possessivbegleiter?

Ergänze die richtigen Begleiter.

a) ____________ été, Carole passe ____________ vacances dans les Alpes.

b) Là-bas, elle retrouve tous ____________ copains qui, comme elle, font de l'escalade.

c) Ils savent que ____________ sport peut être dangereux,

mais ils mettent tous ____________ casques.

d) ____________ année, ils prennent un cours spécial chez Adam Ondra.

e) ____________ homme est un expert de l'escalade.

f) ____________ après-midi, ils vont faire ____________ premier tour.

25 a) monsieur; **b)** étage; **c)** cartes; **d)** travail; **e)** exercice; **f)** pièce; **g)** photos; **h)** couleur.

26 a) Cet; ses; **b)** ses; **c)** ce; leurs; **d)** Cette; **e)** Cet; **f)** Cet; leur.

27 ★☆☆ Jede Stunde

So gut war ich. ☺ 😐 ☹

Ergänze *tout/toute/tous/toutes*.

a) Il y a un train pour Toulouse ____________________ les heures.

b) Je fais du sport ____________________ les jours.

c) ____________________ le monde aime les vacances.

d) Il y a des cafés dans ____________________ les rues.

e) Tu es ____________________ le temps au téléphone !

f) Mes parents passent ____________________ la semaine à Rome.

g) ____________________ les élèves doivent préparer un projet.

h) Quoi ! Tu as mangé ____________________ le gâteau ?

28 ★★☆ *Alle oder ganz?*

So gut war ich. ☺ 😐 ☹

Trage die passende Form des unbestimmten Begleiters *tout* und des bestimmten Artikels *(le/la/l'/les)* ein. Übersetze anschließend das, was du eingefügt hast.

Beispiel: Aujourd'hui, *toute la* famille est là. (*die ganze Familie*)

a) Il a plu pendant ____________________ vacances. (____________________)

b) Il travaille ____________________ jours, même le dimanche. (____________________)

c) Tu prends ____________________ place ! (____________________)

d) Je n'ai pas fait ____________________ devoirs. (____________________)

e) Cécile a regardé ____________________ match de rugby. (____________________)

f) Le chat a mangé ____________________ fromage. (____________________)

g) Le mardi, les élèves de 4e A ont cours ____________________ après-midi.

(____________________)

27 a) toutes les heures; **b)** tous les jours; **c)** Tout le monde; **d)** toutes les rues; **e)** tout le temps; **f)** toute la semaine; **g)** Tous les élèves; **h)** tout le gâteau.

28 a) toutes les vacances (die ganzen Ferien); **b)** tous les jours (jeden Tag / alle Tage); **c)** toute la place (den ganzen Platz); **d)** tous les devoirs (alle Hausaufgaben); **e)** tout le match (das ganze Spiel); **f)** tout le fromage (den ganzen Käse); **g)** tout l'après-midi (den ganzen Nachmittag).

So gut war ich.

29 ★★☆ Anders gesagt

Ersetze *chaque* durch *tous les / toutes les.*

a) chaque texte ____________________ textes

b) chaque année ____________________ années

c) chaque musée ____________________ musées

d) chaque personnage ____________________ personnages

e) chaque plat ____________________ plats

f) chaque ordinateur ____________________ ordinateurs

g) chaque soir ____________________ soirs

So gut war ich.

30 ★★★ *tout le* oder *chaque?*

Trage *chaque* oder *tout* + bestimmten Artikel ein.

a) C'est ____________________ temps la même chose avec toi !

b) ____________________ monde a crié «bravo» à la fin de la pièce.

c) Elise fait du piano ____________________ soir.

d) ____________________ matin, on prend le petit déjeuner en famille.

e) Cécile connaît ____________________ la famille de sa copine Léa.

f) ____________________ élève doit apporter un papier signé des parents.

g) Je prends le bus ____________________ jours.

h) Ils ont préparé la fête pendant ____________________ semaine.

29 a) tous les textes; **b)** toutes les années; **c)** tous les musées; **d)** tous les personnages; **e)** tous les plats; **f)** tous les ordinateurs; **g)** tous les soirs.

30 a) tout le temps; **b)** tout le monde; **c)** chaque soir; **d)** chaque matin; **e)** toute la famille; **f)** chaque élève; **g)** tous les jours; **h)** toute la semaine.

So gut war ich. ☺ 😐 ☹

31 ★★☆ Ein schwerer Schultag

Übersetze mit *certains / certaines / plusieurs / quelques.*

a) (Manche = gewisse) __________________ jours commencent mal !

b) Par exemple, aujourd'hui, on a fait (mehrere) __________________ tests en classe.

c) En français, nous avons lu (einige) __________________ pages d'un roman.

d) Moi, j'ai mis (mehrere) __________________ minutes à comprendre le texte.

e) Puis, le prof nous a donné (gewisse) __________________ phrases à traduire.

f) Dans chaque phrase, il y avait (mehrere) __________________ mots difficiles.

g) Alors, j'ai fait (einige) __________________ fautes.

So gut war ich. ☺ 😐 ☹

32 ★★★ Alle Formen

Übersetze.

(**a**) Ich habe mehrere Freunde eingeladen. (**b**) Aber einige können nicht kommen. (**c**) Deshalb habe ich zusätzlich (noch) andere Personen eingeladen. (**d**) Es wird also einige Überraschungen geben! (**e**) Jeder wird etwas mitbringen. (**f**) Wir werden einige Spiele machen. (**g**) Manche (davon) werden sehr lustig sein. (**h**) Zum Beispiel das Lieblingsgericht von allen anderen raten.

____

____

____

____

____

____

____

____

31 a) certains; **b)** plusieurs; **c)** quelques; **d)** plusieurs; **e)** certaines; **f)** plusieurs; **g)** quelques.

32 (a) J'ai invité plusieurs amis. **(b)** Mais quelques-uns ne peuvent pas venir. **(c)** C'est pour ca que j'ai invité d'autres personnes en plus. **(d)** Il va donc y avoir quelques surprises ! **(e)** Chacun va apporter quelque chose. **(f)** On va faire quelques jeux. **(g)** Certains seront très amusants. **(h)** Par exemple, deviner le plat préféré de tous les autres.

So gut war ich.

33 ★☆☆ Regelmäßige Adjektive

Ergänze die fehlenden Endungen der Adjektive.

a) une réponse correct_____

b) une idée génial_____

c) une question intéressant_____

d) une découverte important_____

e) une voiture noir_____

f) une situation différent_____

g) une mer chaud_____

h) une actrice anglais_____

So gut war ich.

34 ★★☆ Besondere Adjektive

Schreibe die Adjektive in der femininen Form.

	Maskulin	Feminin
a)	un long texte	une ____________ lettre
b)	un bon travail	une ____________ note
c)	un garçon sportif	une fille ____________
d)	un pull blanc	une jupe ____________
e)	un faux ami	une ____________ image
f)	un premier album	une ____________ chanson
g)	un pantalon très cher	une robe très ____________

So gut war ich.

35 ★★☆ Femininum Plural: regelmäßige Adjektive

Ergänze die Adjektive.

a) Elle a des mauvais_____ notes.

b) Ces robes sont joli_____.

c) Ces photos sont différent_____ des autres.

d) Les pièces de l'appartement sont petit_____.

33 a) correcte; **b)** géniale; **c)** intéressante; **d)** importante; **e)** noire; **f)** différente; **g)** chaude; **h)** anglaise.
34 a) longue; **b)** bonne; **c)** sportive; **d)** blanche; **e)** fausse; **f)** première; **g)** chère.
35 a) mauvaises; **b)** jolies; **c)** différentes; **d)** petites.

So gut war ich.

36 ★★☆ Femininum Plural: unregelmäßige Adjektive

Ergänze die Adjektive. Wenn nötig, setze den passenden Akzent.

a) Ici, il y a beaucoup d'associations sporti________.

b) Léa et Annie sont des bon________ élèves.

c) Les premier________ journées d'école sont très long________.

d) Il porte souvent des chemises blanc________.

So gut war ich.

37 ★★☆ Maskulinum Plural

Forme die Nomen und die Adjektive in den Plural um.

	Singular	Plural
a)	Le premier jour	Les
b)	Un gâteau facile à faire	Des
c)	Un mauvais souvenir	Des
d)	Un été chaud	Des

So gut war ich.

38 ★★☆ Femininum Plural

Forme die Nomen und die Adjektive wieder in den Plural um.

	Singular	Plural
a)	Une bonne idée	Des
b)	Une chanson française	Des
c)	Une histoire bizarre	Des
d)	Une voisine sympa	Des

36 a) sportives; **b)** bonnes; **c)** premières, longues; **d)** blanches.
37 a) les premiers jours; **b)** des gâteaux faciles; **c)** des mauvais souvenirs; **d)** des étés chauds.
38 a) des bonnes idées; **b)** des chansons françaises; **c)** des histoires bizarres; **d)** des voisines sympas.

So gut war ich.

39 ★★☆ Vor oder nach dem Nomen?

Ergänze die passende Form des Adjektivs an der richtigen Stelle.

a) Prenez la ___________ rue ___________ à droite.	premier
b) C'est un ___________ élève ___________.	bon
c) Il travaille dans un ___________ hôtel ___________.	grand
d) Tu vois la fille avec la ___________ robe ___________ ?	bleu
e) C'est ma ___________ correspondante ___________.	français
f) Elle a un ___________ chat ___________.	noir – petit
g) C'est une ___________ question ___________.	facile
h) J'ai une ___________ idée ___________.	génial

So gut war ich.

40 ★★★ Christine

Ersetze *Christian* durch *Christine* und schreibe den Text entsprechend um.

Christian est jeune. Il est grand et blond. On dit aussi qu'il est très beau. Il est aussi très sportif. Ses amis le trouvent sympa et gentil. Il peut être sérieux, mais il est souvent drôle. C'est un garçon intéressant et en plus, c'est un bon danseur. Alors, il n'est jamais seul ! Son défaut, c'est qu'il est jaloux.

____

____

____

____

____

____

____

39 a) la première rue; **b)** un bon élève; **c)** un grand hôtel; **d)** la robe bleue; **e)** ma correspondante française; **f)** un petit chat noir; **g)** une question facile; **h)** une idée géniale.

40 Christine est jeune. Elle est grande et blonde; elle est très belle; très sportive; ses amis la trouvent sympa et gentille; Elle peut être sérieuse, mais elle est souvent drôle; C'est une fille intéressante; une bonne danseuse; elle n'est jamais seule; elle est jalouse.

41 ★★☆ *beau, nouveau, vieux* im Singular

So gut war ich. ☺ 😐 ☹

Trage die passende Form des farbigen Adjektivs ein.

a) un vieux monsieur — un ____________ homme

b) un beau cadeau — une ____________ surprise

c) un nouveau prof — une ____________ école

d) un vieux bureau — une ____________ gare

e) une belle maison — un ____________ appartement

f) une nouvelle bibliothèque — un ____________ ordinateur

g) une vieille copine — un ____________ ami

h) une belle voiture — un ____________ vélo

42 ★★☆ *beau, nouveau, vieux* im Plural

So gut war ich. ☺ 😐 ☹

Setze die folgenden Wörter in den Plural.

a) un vieil ami — des ____________

b) une belle ville — des ____________

c) un nouveau quartier — des ____________

d) une vieille copine — des ____________

e) un bel acteur — des ____________

f) un nouvel appareil — des ____________

g) une nouvelle adresse — des ____________

h) un beau livre — des ____________

41 a) un vieil homme; **b)** une belle surprise; **c)** une nouvelle école; **d)** une vieille gare; **e)** un bel appartement; **f)** un nouvel ordinateur; **g)** un vieil ami; **h)** un beau vélo.

42 a) des vieux amis; **b)** des belles villes; **c)** des nouveaux quartiers; **d)** des vieilles copines; **e)** des beaux acteurs; **f)** des nouveaux appareils; **g)** des nouvelles adresses; **h)** des beaux livres.

43 ★☆☆ Vergleiche

So gut war ich.

Ergänze die Sätze mit *plus (+), aussi (=), moins (–)* und gleiche die Adjektive an.

a) Marie est (+ sportif) ______________________ que son frère.

b) La rue Jacob est (– long) ______________________ que la rue Pasteur.

c) Ces maisons sont (+ joli) ______________________ que les nouvelles.

d) Ces films sont (– intéressant) ______________________ que ces livres.

e) Cette idée est (= fou) ______________________ que l'autre.

f) Les maths sont (– difficile) ______________________ que le français ?

g) Tes notes sont (= mauvais) ______________________ qu'avant.

h) Dans ce magasin, les vêtements sont (+ cher) ______________________.

44 ★★☆ Unterschiede feststellen

So gut war ich.

Bilde ganze Sätze mit *plus (+), aussi (=), moins (–)* und gleiche die Adjektive an.

a) Julie / (– grand) / Antoine.

____

b) Une voiture / (+ cher) / un vélo

____

c) Les BD / (+ drôle) / livres.

____

d) Ces exercices / (– dur) / les autres.

____

e) La robe noire / (= joli) / la rouge.

____

43 a) plus sportive; **b)** moins longue; **c)** plus jolies; **d)** moins intéressants; **e)** aussi folle; **f)** moins difficiles; **g)** aussi mauvaises; **h)** plus chers.
44 a) est moins grande qu'Antoine. **b)** est plus chère qu'un vélo. **c)** sont plus drôles que les livres. **d)** sont moins durs que les autres. **e)** est aussi jolie que la rouge.

45 ★☆☆ Wie denkst du darüber?

So gut war ich.

Übersetze die Ausdrücke in der rechten Spalte.

a) Cette idée est ______________________ l'autre.	genauso gut wie
b) Aujourd'hui, la mer est ______________________ hier.	kälter als
c) Ton chat est ______________________ maintenant.	schlanker
d) Ce film est ______________________ l'autre.	interessanter als
e) Et les dialogues sont ______________________.	lustiger
f) C'est vrai, mais les acteurs sont ______________________.	weniger bekannt
g) Ce test est ______________________ l'autre.	genauso schwer wie
h) Mes notes sont ______________________ avant.	besser als

46 ★★☆ Übersetzung

So gut war ich.

Übersetze die folgenden Vergleiche.

a) Meine Mutter ist jünger als mein Vater.

____

b) Lucie ist größer als Morgane.

____

c) Diese Lösung ist weniger sicher als die andere.

____

d) Robert Pattinson ist genauso berühmt wie Timothée Chalamet.

____

45 a) aussi bonne que; **b)** plus froide qu'; **c)** plus mince; **d)** plus intéressant que; **e)** plus drôles; **f)** moins connus / célèbres; **g)** aussi dur / difficile que; **h)** meilleures qu'.
46 a) Ma mère est plus jeune que mon père. **b)** Lucie est plus grande que Morgane. **c)** Cette solution est moins sûre que l'autre. **d)** Robert Pattinson est aussi célèbre que Thimothée Chalamet.

So gut war ich.

47 ★★☆ *le / la / les / … plus*

Bilde den Superlativ mit dem Adjektiv, das in Klammern steht.

Beispiel: C'est le magasin (++ cher) *le plus cher* de la ville.

a) Ce sont les sports (++ dangereux) ____________________.

b) C'est le film (++ célèbre) ____________________ de cet acteur.

c) C'est leur chanson (++ fou) ____________________.

d) Ce sont les personnes (++ heureux) ____________________.

e) C'est la (++ bon) ____________________ photo de notre classe.

f) Ce sont les (++ bon) ____________________ amis de Julie.

So gut war ich.

48 ★★☆ *A mon avis …*

Schreibe jeden Satz mit einem Superlativ wie im Beispiel.

Beispiel: Ce quartier est très sympa.

– Oui, à mon avis, c'est le quartier le plus sympa de Paris.

a) Ce magasin est très vieux. – Oui, à mon avis, c'est ____________________.

b) La tour Eiffel est un monument célèbre.

____

c) Cette avenue est très longue !

____

d) Ces boutiques sont très chères.

____

e) Le Louvre est un musée très visité.

____

47 a) les plus dangereux; **b)** le plus célèbre; **c)** la plus folle; **d)** les plus heureuses; **e)** la meilleure photo; **f)** les meilleurs amis.

48 a) c'est le magasin le plus vieux de Paris; **b)** c'est le monument le plus célèbre de Paris; **c)** c'est l'avenue la plus longue de Paris; **d)** ce sont les boutiques les plus chères; **e)** c'est le musée le plus visité de Paris.

So gut war ich.

49 ★★☆ Quiz

Vervollständige die Fragen mit den richtigen Superlativen.

Pour toi,

a) quelle est la voiture (++ belle) ____________________ ?

b) quel est le film allemand (++ amusant) ____________________ ?

c) quelle est l'actrice (++ joli) ____________________ ?

d) quel est ton (++ bon) ____________________ souvenir de vacances ?

e) quel est ton prof (–– sympa) ____________________ ?

f) quels sont les cours (++ intéressant) ____________________ ?

So gut war ich.

50 ★★★ Quiz der Superlative

Schreibe nun selbst ein Quiz mit *le / la / les + plus / moins* und der richtigen Adjektivform.

Beispiel: la langue / difficile *Quelle est la langue la plus / la moins difficile ?*

a) les métiers / dangereux

____

b) le chanteur / bon

____

c) la situation / fou

____

d) les pays / chaud

____

e) ta note d'anglais / bon

____

49 a) la plus belle; **b)** le plus amusant; **c)** la plus jolie; **d)** ton meilleur souvenir; **e)** le moins sympa; **f)** les plus intéressants.
50 a) les métiers les plus / les moins dangereux; **b)** le meilleur chanteur / le chanteur le moins bon; **c)** la situation la plus / la moins folle; **d)** les pays les plus / les moins chauds; **e)** ta meilleure note d'anglais / ta plus mauvaise note d'anglais.

51 ★☆☆ Im Singular

So gut war ich. ☺ 😐 ☹

Bilde das Femininum bzw. das Maskulinum der Nomen und Adjektive.

Beispiel: un chanteur allemand *une chanteuse allemande*

a) un musicien africain ____________________

b) une sportive belge ____________________

c) un réalisateur néerlandais ____________________

d) un cuisinier espagnol ____________________

e) une actrice italienne ____________________

f) une artiste portugaise ____________________

g) un skateur français ____________________

52 ★☆☆ Im Plural

So gut war ich. ☺ 😐 ☹

Bilde den Plural der Nomen und Adjektive.

C'est ... **Ce sont ...**

a) un groupe créole. des ____________________.

b) une ville anglaise. des ____________________.

c) un sportif français. des ____________________.

d) une musique arabe. des ____________________.

e) un restaurant grec. des ____________________.

f) un joueur africain. des ____________________.

g) un médecin danois. des ____________________.

h) une artiste chinoise des ____________________.

51 a) une musicienne africaine; **b)** un sportif belge; **c)** une réalisatrice néerlandaise; **d)** une cuisinière espagnole; **e)** un acteur italien; **f)** un artiste portugais; **g)** une skateuse française.

52 a) des groupes créoles; **b)** des villes anglaises; **c)** des sportifs français; **d)** des musiques arabes; **e)** des restaurants grecs; **f)** des joueurs africains; **g)** des médecins danois; **h)** des artistes chinoises.

So gut war ich.

53 ★★☆ Welche Nationalität?

Ergänze die gesuchten Adjektive. Die Länder-Abkürzungen in den Klammern helfen dir dabei.

a) La pizza est une spécialité (I) ______________________.

b) Sané et Müller sont des joueurs de football (D) ______________________.

c) Le Rioja est un vin (E) ______________________.

d) Les frites et le chocolat sont des spécialités (B) ______________________.

e) Leeds et Londres sont des villes (GB) ______________________.

f) Davos est une station de ski (CH) ______________________.

g) Le camembert et le brie sont des fromages (F) ______________________.

So gut war ich.

54 ★★★ Woher kommst du?

Trage die Nationalität der folgenden Personen ein.

a) Elise et Florence sont de Lyon. Elles sont ______________________.

b) Eduardo est de Rome. Il est ______________________.

c) Teresa et Ernesto sont de Madrid. Ils sont ______________________.

d) Ces élèves sont de Bruxelles. Ils sont ______________________.

e) Sandy est de Liverpool. Elle est ______________________.

f) Ces messieurs sont de Berlin. Ils sont ______________________.

g) Ma cousine est de Copenhague. Elle est ______________________.

h) Mes amis sont de Vancouver. Ils sont ______________________.

53 a) italienne; **b)** allemands; **c)** espagnol; **d)** belges; **e)** anglaises; **f)** suisse; **g)** français.
54 a) françaises; **b)** italien; **c)** espagnols; **d)** belges; **e)** anglaise; **f)** allemands; **g)** danoise; **h)** canadiens.

So gut war ich. ☺ 😐 ☹

55 ★☆☆ Vom Adjektiv zum Adverb (I)

Trage die entsprechenden Adverbien ein.

a) correct		**i)** jaloux	
b) premier		**j)** normal	
c) malheureux		**k)** direct	
d) drôle		**l)** sportif	
e) calme		**m)** gentil	
f) vrai		**n)** facile	
g) long		**o)** pratique	
h) timide		**p)** chaud	

So gut war ich. ☺ 😐 ☹

56 ★☆☆ Vom Adjektiv zum Adverb (II)

Trage die entsprechenden Adverbien ein.

a) J'ai vu ce film ______________________.

b) Tu as ______________________ compris.

c) Ils m'ont reçu très ______________________.

d) Il est ______________________ fou.

e) ______________________, il y avait encore une place.

f) Elle m'a régardé ______________________.

g) Ils ont continué ______________________.

h) ______________________, tout le monde a rigolé.

dernier
parfait
cordial
complet
heureux
bizarre
tranquille
évident

55 a) correctement; **b)** premièrement; **c)** malheureusement; **d)** drôlement; **e)** calmement; **f)** vraiment; **g)** longuement; **h)** timidement; **i)** jalousement; **j)** normalement; **k)** directement; **l)** sportivement; **m** gentiment; **n)** facilement; **o)** pratiquement; **p)** chaudement.

56 a) dernièrement; **b)** parfaitement; **c)** cordialement; **d)** complètement; **e)** Heureusement; **f)** bizarrement; **g)** tranquillement; **h)** Evidemment.

So gut war ich.

57 ★★☆ Puzzle

Bringe die Satzteile in die richtige Reihenfolge.

a) pas / ai / assez / je / dormi / n' / .

____

b) il / beaucoup / gentil / est / trop / .

____

c) lavée / s' / elle / déjà / est / .

____

d) souvent / a / on / ensemble / joué / .

____

e) encore / n' / terminé / je / pas / ai / .

____

So gut war ich.

58 ★★★ Die richtige Stelle

Trage die entsprechenden Adverbien ein.

Beispiel: Il a répondu. *Il a répondu calmement.*	calme
a) Elle va être d'accord. ______________	sûr
b) J'ai toujours prononcé ce mot. ______________	mauvais
c) Tu as travaillé cette année. ______________	meilleur
d) J'ai été content(e). ______________	vrai
e) Je n'ai pas compris. ______________	bon

57 a) Je n'ai pas assez dormi. **b)** Il est beaucoup trop gentil. **c)** Elle s'est déjà lavée. **d)** On **a)** souvent joué ensemble. **e)** Je n'ai pas encore terminé.
58 a) Elle va sûrement être d'accord. **b)** J'ai toujours mal prononcé ce mot. **c)** Tu as mieux travaillé cette année. **d)** J'ai été vraiment content(e pour toi. **e)** Je n'ai pas bien compris.

59 ★★☆ Vergleichen

So gut war ich. ☺ 😐 ☹

Übersetze die farbigen Sätze ins Französische.

a) Sophie a fait des progrès au piano. Sie spielt jetzt viel besser.

____

b) Mario travaille beaucoup pour l'école. Jetzt spielen wir weniger oft zusammen.

____

c) Luc est le plus petit du groupe. Er läuft aber genauso schnell wie die anderen.

____

d) Je n'aime pas la cantine. Dort isst man weniger gut als zu Hause.

____

60 ★★☆ Wer macht es am besten?

So gut war ich. ☺ 😐 ☹

Schüler vergleichen sich. Übersetze die Superlative aus der rechten Spalte.

a) C'est Nina qui répond ______________________.	am häufigsten
b) C'est Max qui apprend ______________________.	am besten
c) C'est Dani qui parle ______________________.	am längsten
d) C'est Zoé qui traduit ______________________.	am schnellsten
e) C'est Léo qui écrit ______________________.	am schlechtesten

61 ★★★ Das Adjektiv als Adverb

So gut war ich. ☺ 😐 ☹

Übersetze die folgenden Sätze.

a) Nadine singt falsch.

b) Aber sie singt lauter als die anderen.

c) Diese Tasche kostet viel.

d) Die Kuchen riechen gut.

59 a) Elle joue beaucoup mieux maintenant. **b)** On joue moins souvent ensemble. **c)** Mais il court aussi vite que les autres. **d)** On y mange moins bien qu'à la maison.
60 a) le plus souvent; **b)** le mieux; **c)** le plus longuement / le plus longtemps; **d)** le plus vite; **e)** le plus mal.
61 a) Nadine chante faux. **b)** Mais elle chante plus fort que les autres. **c)** Ce sac coûte cher. **d)** Les gâteaux sentent bon.

62 ★☆☆ *Tu es où ?*

So gut war ich.

Bei verschiedenen Leuten klingelt das Handy. Alle sagen, wo sie sich gerade befinden. Ergänze *au* / *à la* oder *à l'*.

Tipp: *à + le → au*
à + les → aux

Je suis …

a) ___________ maison.
b) ___________ cinéma.
c) ___________ CDI.
d) ___________ école.
e) ___________ cantine.
f) ___________ librairie.
g) ___________ station de métro.
h) ___________ fête de Léa.
i) ___________ entrée.
j) ___________ village.
k) ___________ collège.
l) ___________ square.
m) ___________ hôtel.
n) ___________ plage.
o) ___________ gare.

63 ★★☆ Das indirekte Objekt

So gut war ich.

Ergänze *au* / *à la* / *à l'* oder *aux*.

a) Les enfants téléphonent ___________ police.

b) La prof raconte une histoire ___________ élèves.

c) Théo pose des questions ___________ réalisateur du film.

d) Le touriste demande son chemin ___________ dame.

e) Je donne des croquettes ___________ chat de Mme Salomon.

f) Les élèves parlent ___________ prof d'anglais, M. Sorel.

g) La voisine parle ___________ enfants Carbonne.

62 a) à la maison; **b)** au cinéma; **c)** au CDI; **d)** à l'école; **e)** à la cantine; **f)** à la librairie; **g)** à la station; **h)** à la fête de Léa; **i)** à l'entrée; **j)** au village; **k)** au collège; **l)** au square; **m)** à l'hôtel; **n)** à la plage; **o)** à la gare.
63 a) à la; **b)** aux; **c)** au; **d)** à la; **e)** au; **f)** au; **g)** aux.

So gut war ich.

64 ★☆☆ Die Zusammengehörigkeit

Verbinde die Wörter wie im Beispiel miteinander.
Tipp: *de + le → du* *de + les → des*

Beispiel: la directrice / l'école *la directrice de l'école*

a) la photo / les élèves ______________________

b) la salle / les profs ______________________

c) l'adresse / le collège ______________________

d) le devoir / la prof de maths ______________________

e) le titre / le texte ______________________

f) les couleurs / l'affiche ______________________

So gut war ich.

65 ★☆☆ *Qu'est-ce qu'il fait ?*

Ergänze.

Thomas fait …

a) __________ foot, **d)** __________ peinture, **g)** __________ jeux vidéo,

b) __________ escalade, **e)** __________ guitare, **h)** __________ piano,

c) __________ anglais, **f)** __________ tennis, **i)** __________ natation.

So gut war ich.

66 ★☆☆ *Qu'est-ce qu'elle fait ?*

Ergänze.

Nathalie fait …

a) __________ volley, **d)** __________ espagnol, **g)** __________ roller,

b) __________ maths, **e)** __________ dessin, **h)** __________ ski,

c) __________ français, **f)** __________ flûte, **i)** __________ vélo.

64 a) la photo des élèves; **b)** la salle des profs; **c)** l'adresse du collège; **d)** le devoir de la prof; **e)** le titre du texte; **f)** les couleurs de l'affiche.
65 a) du foot; **b)** de l'escalade; **c)** de l'anglais; **d)** de la peinture; **e)** de la guitare; **f.** du tennis; **g)** des jeux vidéo; **h)** du piano; **i)** de la natation.
66 a) du volley; **b)** des maths; **c)** du français; **d)** de l'espagnol; **e)** du dessin; **f)** de la flûte; **g)** du roller; **h)** du ski; **i)** du vélo.

67 ★★☆ Bestimmter Artikel mit und ohne Präposition

So gut war ich. ☺ 😐 ☹

Vervollständige die Sätze. Finde heraus, wann du den bestimmten Artikel einsetzen musst, und wann du die Präpositionen *à* und *de* + Artikel ergänzen musst.

Beispiel: Ils jouent dans *la* cour *de l'*école.

a) Ils cherchent ____________ solution ____________ problème.

b) Lisa n'aime pas ____________ couleur ____________ chambre.

c) ____________ numéro ____________ portable de Farid est faux.

d) Emma est encore ____________ lit. Elle téléphone ____________ copains.

e) Ils tournent ____________ scène ____________ film dans ____________ studio de télévision.

68 ★★☆ *Faire de, jouer à* (+ Spiel), *jouer de* (+ Instrument)

So gut war ich. ☺ 😐 ☹

Ergänze die passende Präposition *à* oder *de* + bestimmter Artikel.

a) Tu fais ____________ tennis ?

b) On joue ____________ foot ?

c) Alice fait ____________ danse.

d) Le jeudi, on fait ____________ natation.

e) C'est une actrice. Elle fait ____________ cinéma.

f) Ils jouent ____________ tennis.

g) Dans notre classe, on fait ____________ jeux vidéo.

h) Tu joues ____________ flûte ?

67 a) la solution du problème; **b)** la couleur de la chambre; **c)** le numéro du portable; **d)** au lit; aux copains; **e)** la scène du film, le studio.
68 a) du tennis; **b)** au foot; **c)** de la danse; **d)** de la natation; **e)** du cinéma; **f)** au tennis; **g)** des jeux vidéo; **h)** de la flûte.

So gut war ich. ☺ 😐 ☹

69 ★☆☆ Wo wohnen sie?

Ergänze die Präpositionen *à / au / chez / en*.

a) Ils habitent __________ Toulouse.

b) Elle passe le week-end __________ une copine.

c) On fait du vélo __________ bord de la Garonne.

d) Emma n'est pas là. Elle est __________ ville.

So gut war ich. ☺ 😐 ☹

70 ★☆☆ Wo spielen sie?

Ergänze die Präpositionen *dans* (2x) / *près de* / *sur* (3x).

a) Il a trouvé un sac __________ un banc.

b) Ils jouent __________ la cour de l'école.

c) Ils posent des affiches __________ les murs.

d) Le collège est __________ chez eux.

e) Cherchez des infos __________ Internet.

f) Les garçons font du roller __________ la rue.

So gut war ich. ☺ 😐 ☹

71 ★★☆ Wann?

Ergänze die Präpositionen *de … à / depuis / en / il y a / jusqu'à / pendant*.

a) __________ été, j'aime faire du vélo.

b) Les élèves sont à l'école __________ 8 heures __________ 17 heures.

c) Pourquoi est-ce que tu n'as pas regardé le film __________ la fin ?

d) Qu'est-ce que tu vas faire __________ le week-end ?

e) Je suis dans ce lycée __________ 2017.

f) J'ai perdu mon portable __________ trois jours.

69 a) à; **b)** chez; **c)** au; **d)** en.
70 a) sur; **b)** dans; **c)** sur; **d)** près de; **e)** sur; **f)** dans.
71 a) en; **b)** de … à; **c)** jusqu'à; **d)** pendant; **e)** depuis; **f)** il y a.

72 ★★☆ Wo? Wohin?

So gut war ich. ☺ 😐 ☹

Ergänze vor dem Land *au / aux / en*.

a) Cet été, nous allons ________ Danemark.

b) Nous sommes déjà allés ________ Chine.

c) Son cousin habite ________ Canada.

d) J'ai habité ________ Pays-Bas.

e) Je voudrais passer mes vacances ________ France.

f) Tu es déjà allé ________ Etats-Unis ?

g) Mon frère travaille ________ Japon.

h) Ils passent une semaine ________ Italie.

i) Elle est née ________ Espagne.

73 ★★☆ Woher?

So gut war ich. ☺ 😐 ☹

Ergänze vor dem Herkunftsland *de / du / d' / des*.

a) Ils viennent de rentrer ________ États-Unis.

b) L'avion arrive ________ Grèce.

c) Je viens ________ Allemagne.

d) Il rentre ________ Cameroun.

e) Ces pommes viennent ________ Italie.

f) Tu viens ________ Japon ou ________ Chine ?

g) Vous venez ________ Pologne ?

h) Vous êtes ________ Pays-Bas ou bien ________ Belgique ?

72 a) au; **b)** en; **c)** au; **d)** aux; **e)** en; **f)** aux; **g)** au; **h)** en; **i)** en.

73 a) des; **b)** de; **c)** d'; **d)** du; **e)** d'; **f)** du; de; **g)** de; **h)** des; de.

74 ★★☆ Mit einem Adverb

So gut war ich. ☺ 😐 ☹

Setze *peu de / assez de / beaucoup de / trop de* richtig ein.

a) Fais attention: tu ne bois pas ____________________ eau !

b) Elle est souvent seule: elle a ____________________ amis.

c) Je suis très contente: j'ai eu ____________________ cadeaux !

d) Notre prof est fou ! Il nous donne ____________________ devoirs.

e) Il est pauvre, il a ____________________ argent.

f) Arrête ! Je ne peux pas travailler, tu fais ____________________ bruit !

g) Marine adore lire. Elle a ____________________ livres dans sa chambre.

h) Est-ce qu'on a ____________________ sandwichs pour tout le monde ?

75 ★★☆ Gemischte Mengenausdrücke

So gut war ich. ☺ 😐 ☹

Übersetze.

a) zu viele Bücher ____________________

b) ein bisschen Cola ____________________

c) zu viele Fehler ____________________

d) wenig Fragen ____________________

e) viele Freunde ____________________

f) viele Projekte ____________________

g) genügend Zeit ____________________

h) wenig Übungen ____________________

i) genug Probleme ____________________

74 a) assez d'eau; **b)** peu d'amis; **c)** assez de / beaucoup de; **d)** trop de / beaucoup de; **e)** peu d'; **f)** trop de; **g)** beaucoup de; **h)** assez de.

75 a) trop de livres; **b)** un peu de coca; **c)** trop de fautes; **d)** peu de questions; **e)** beaucoup de copains / d'amis; **f)** beaucoup de projets; **g)** assez de temps; **h)** peu d'exercices; **i)** assez de problèmes.

So gut war ich.

76 ★★☆ Mengenausdrücke bei Nomen

Kreuze die richtige Antwort an.

a) Tu es en forme parce que tu fais ◯ beaucoup de ◯ beaucoup du sport.

b) Il y a ◯ beaucoup des ◯ beaucoup d' élèves dans la classe.

c) J'ai ◯ trop de ◯ trop du travail !

d) Et je n'ai pas ◯ assez le ◯ assez de temps pour aller au cinéma.

e) J'aime ◯ beaucoup de ◯ beaucoup le cinéma.

So gut war ich.

77 ★★★ Mengenausdrücke bei Nomen und Adjektiven

Nun aufgepasst! Kreuze in jeder Zeile die zwei richtigen Aussagen an.

a) J'ai fait ◯ beaucoup de ◯ trop de ◯ beaucoup des fautes !

b) Je suis ◯ très ◯ beaucoup ◯ trop contente !

c) Sur Internet, on trouve ◯ trop des ◯ trop d' ◯ beaucoup d' informations.

d) Ce soir, je suis ◯ beaucoup ◯ très ◯ trop fatiguée.

76 a) beaucoup de sport; **b)** beaucoup d'élèves; **c)** trop de travail; **d)** pas assez de temps; **e)** beaucoup le cinéma.

77 a) beaucoup de; trop de; **b)** très; trop; **c)** trop d'; beaucoup d'; **d)** très; trop.

78 ★☆☆ Was gibt es zu essen?

So gut war ich.

Kombiniere so, dass die Sätze einen Sinn ergeben.

a) Sophie prépare un dessert avec des	**1** crème chantilly.
b) On va manger ce dessert avec de la	**2** champagne.
c) Pour mon anniversaire, j'ai bu du	**3** fruits.
d) Ce soir, on mange des	**4** eau dans ton gâteau.
e) Ajoute de l'	**5** nouilles.

79 ★☆☆ *Recettes*

So gut war ich.

Trage *du / de l' / de la / des* in die Lücken ein.

a) Pour faire ____________ crêpes, il faut ____________ farine, ____________ lait, ____________ sucre, ____________ œufs.

b) Pour faire une pizza, il faut ____________ farine, ____________ eau, ____________ huile d'olive, ____________ sel, ____________ tomates, ____________ fromage et ____________ herbes de Provence.

c) J'ai ____________ tomates et ____________ pommes de terre, alors je peux faire une salade.

80 ★★★ Puzzle

So gut war ich.

Setze die Satzteile in die richtige Reihenfolge.

a) du / confiture / mangent / les enfants / pain / beurre et / avec du / de la / .

____

b) de l' / boivent / du / ils / lait / ou / eau.

____

78 a) + 3; **b)** + 1; **c)** + 2; **d)** + 5; **e)** + 4.

79 a) des crêpes, de la farine, du lait, du sucre, des œufs; **b)** de la farine, de l'eau, de l'huile d'olive, du sel, des tomates, du fromage, des herbes; **c)** des tomates, des pommes de terre.

80 a) Les enfants mangent du pain avec du beurre et de la confiture. **b)** Ils boivent du lait ou de l'eau.

81 ★★☆ Du hast Glück!

So gut war ich.

Ergänze die passenden Teilungsartikel *(du / de la / de l')*.
Tipp: Vor Nomen, die für abstrakte Sachen stehen (z. B. das Glück: *la chance*), benutzt man im Französischen den Teilungsartikel.

a) Il y a __________ soleil aujourd'hui.

b) Tu as __________ chance.

c) J'ai encore __________ travail à faire.

d) Tu as __________ argent sur toi ?

e) Les jeunes font __________ pub pour le concert.

f) Laure écoute __________ musique.

82 ★★☆ Der Teilungsartikel oder nur *de*?

So gut war ich.

Ergänze den Teilungsartikel oder setze nur *de*.
Tipp: Nach Wörtern, die eine Menge ausdrücken wie *un verre* oder *un kilo*, steht immer *de / d'* + Nomen.

S'il vous plaît, je voudrais …

*de l'*eau. Un verre *d'*eau.

a) __________ café. Une tasse __________ café au lait.

b) __________ chantilly. Beaucoup __________ chantilly !

c) __________ jus d'orange. Une bouteille __________ jus d'orange.

d) __________ farine. Un kilo __________ farine.

e) __________ beurre. 250 g __________ beurre.

f) __________ lait. Un litre __________ lait.

g) __________ pommes. Deux kilos __________ pommes rouges.

h) __________ oranges. Un kilo __________ oranges.

81 a) du soleil; **b)** de la chance; **c)** du travail; **d)** de l'argent; **e)** de la pub; **f)** de la musique.
82 a) du café; une tasse de café; **b)** de la chantilly; beaucoup de chantilly; **c)** du jus; une bouteille de jus; **d)** de la farine; un kilo de farine; **e)** du beurre; 250 **g** de beurre. **f)** du lait; un litre de lait; **g)** des pommes; deux kilos de pommes; **h)** des oranges; un kilo d'oranges.

So gut war ich.

83 ★★★ *C'est bon !*

Ergänze *le, la, l', les* oder *du, de la, de l', des*.

a) A la cantine, il y a ___________ frites. Olivier adore ___________ frites !

b) Tu préfères ___________ gâteaux de mamie ou ___________ crêpes de papi ?

c) ___________ chocolat liégeois, c'est ___________ chocolat chaud avec ___________ glace et ___________ crème chantilly.

d) Jérémie aime beaucoup ___________ souris. Il a apporté ___________ souris en classe.

e) Tu veux ___________ fromage ? – Ah non, merci, je déteste ___________ fromage.

f) Fabien a préparé un gâteau mais il a mis ___________ sel à la place ___________ sucre.

g) Le chat Amandine adore ___________ croquettes, alors la famille Carbonne a toujours ___________ croquettes à la maison.

So gut war ich.

84 ★★★ Teilungsartikel oder kein Artikel?

Kreuze die richtige Form an.

a) Ma mère prend son café ◯ avec du sucre, / ◯ avec sucre, mais ◯ sans lait. / ◯ sans du lait.

b) Pour coller ce dessin, tu as besoin ◯ de l'eau. / ◯ d'eau.

c) J'ai ◯ peur / ◯ de la peur de parler à mes parents.

d) C'est difficile de faire ◯ du feu / ◯ feu ◯ sans du bois. / ◯ sans bois.

e) Si on a ◯ de la chance, / ◯ chance, on va rencontrer Nicolas.

83 a) des frites; les frites; **b)** les gâteaux; les crêpes; **c)** le chocolat; du chocolat; de la glace; de la chantilly; **d)** les souris; des souris; **e)** du fromage; le fromage; **f)** du sel; du sucre; **g)** les croquettes; des croquettes.

84 a) avec du sucre; sans lait; **b)** d'eau; **c)** j'ai peur; **d)** du feu, sans bois; **e)** de la chance.

So gut war ich.

85 ★★☆ Zahlen nennen

Schreibe die Mengenangaben in Worten.

a) (80 %) ________________________ des jeunes ont un portable.

b) Il est absent les (3/4) ________________________ de l'année.

c) Achète (1/2) ________________________ litre de lait, s'il te plaît !

d) Je t'attends depuis (1/4) ________________________ d'heure !

e) Actuellement, (1/3) ________________________ des élèves sont malades.

f) Je comprends le texte à (50 %) ________________________.

g) Elle a répondu aux (2/3) ________________________ des questions.

So gut war ich.

86 ★★★ Gemischte Mengenausdrücke

Übersetze die Angaben in Klammern.

a) Tu as mangé (die Hälfte) ________________________ du gâteau tout seul ?

b) (Jeder dritter Samstag) ________________________ je fais du tennis.

c) Je voudrais (1/2 kg) ________________________ de pommes, s'il vous plaît.

d) Les (neun Zehntel) ________________________ du temps, il n'écoute pas.

e) On va en France (jedes zweite Jahr) ________________________.

f) (Zwei von sechs Kindern) ________________________ sont trop gros.

g) Il a gagné avec (1/8) ________________________ de seconde d'avance.

h) Le train part dans (1/2 Stunde) ________________________.

85 a) quatre-vingt pour cent; **b)** les trois quarts; **c)** un demi; **d)** un quart; **e)** un tiers; **f)** cinquante pour cent; **g)** deux tiers.
86 a) la moitié; **b)** un samedi sur trois; **c)** un demi-kilo / une livre; **d)** les neuf dixièmes; **e)** un an sur deux / tous les deux ans; **f)** deux enfants sur six; **g)** un huitième; **h)** une demi-heure.

So gut war ich.

87 ★☆☆ *Le code des départements*

Schreibe die Nummern der folgenden französischen *départements* in Zahlen auf.
Tipp: Frankreich ist in 100 *départements* aufgeteilt, die alphabetisch von A bis V geordnet sind, wie z.B. 01 = *l'Ain* (Nr 01) und *le Val d'Oise* (Nr 95).

Département	Chef-lieu (ville)	Code postal
Le Var	Toulon	Quatre-vingt-trois: 83
a) Les Bouches-du-Rhône	Marseille	Treize:
b) L'Isère	Grenoble	Trente-huit:
c) Le Bas-Rhin	Strabourg	Soixante-sept:
d) La Savoie	Chambéry	Soixante-treize:
e) Le Loiret	Orléans	Quarante-cinq:
f) La Haute-Garonne	Toulouse	Trente et un:

So gut war ich.

88 ★★☆ Zahlen ausschreiben

Schreibe die Zahlen in Worten.

a) 49,50 € ______________________

b) 28,56 € ______________________

c) 99,15 € ______________________

d) 16,20 € ______________________

e) 74,80 € ______________________

f) 37,25 € ______________________

87 a) 13; **b)** 38; **c)** 67; **d)** 73; **e)** 45; **f)** 31.
88 a) quarante-neuf euros cinquante; **b)** vingt-huit € cinquante-six; **c)** quatre-vingt-dix-neuf € quinze; **d)** seize € vingt; **e)** soixante-quatorze € quatre-vingts; **f)** trente-sept € vingt-cinq.

So gut war ich.

89 ★★☆ Wie viele Teilnehmer sind es?

Verbinde die Ziffern mit den passenden ausgeschriebenen Zahlen.

a) 464 personnes
b) 184 personnes
c) 676 personnes
d) 484 personnes
e) 766 personnes
f) 656 personnes
g) 474 personnes

1 six cent soixante-seize
2 quatre cent quatre-vingt-quatre
3 six cent cinquante-six
4 quatre cent soixante-quatorze
5 quatre cent soixante-quatre
6 sept cent soixante-six
7 cent quatre-vingt-quatre

So gut war ich.

90 ★★★ *Combien ça coûte ?*

Schreibe die folgenden Beträge in Worten.

a) 193 € ____________________

b) 428 € ____________________

c) 387 € ____________________

d) 615 € ____________________

e) 840 € ____________________

f) 916 € ____________________

g) 500 € ____________________

h) 255 € ____________________

89 a) + 5; **b)** + 7; **c)** + 1; **d)** + 2; **e)** + 6; **f)** + 3; **g)** + 4.

90 a) cent quatre-vingt-treize euros; **b)** quatre cent vingt-huit euros; **c)** trois cent quatre-vingt-sept euros; **d)** six cent quinze euros; **e)** huit cent quarante euros; **f)** neuf cent seize euros; **g)** cinq cents euros; **h)** deux cent cinquante-cinq euros.

So gut war ich.

91 ★☆☆ Die offizielle Uhrzeit

Schreibe die Uhrzeiten in der offiziellen Form.

Beispiel: Elle quitte la maison à sept heures moins le quart du matin. (*06h45*)

a) Le film commence à trois heures et demie. (________________)

b) Nous avons cours de neuf heures (________________) à midi (________________).

c) Mon train arrive à midi moins vingt. (________________)

d) C'est d'accord ? Rendez-vous ce soir à huit heures ? (________________)

e) Je suis à la cantine à une heure dix ! (________________)

f) Cet après-midi, je pense être là entre quatre heures (________________) et quatre heures et quart (________________).

g) Il est sept heures moins vingt du soir. (________________)

So gut war ich.

92 ★★☆ *C'est quelle heure ?*

Schreibe die folgenden Uhrzeiten in der umgangssprachlichen Form.

Beispiel: 14h15 *deux heures et quart*

a) 21h20 ______________________________

b) 17h05 ______________________________

c) 18h30 ______________________________

d) 00h10 ______________________________

e) 12h55 ______________________________

f) 11h45 ______________________________

g) 13h25 ______________________________

91 a) 15h30; **b)** 9h00; 12h00; **c)** 11h40; **d)** 20h00; **e)** 13h10; **f)** 16h00; 16h15; **g)** 18h40.

92 a) neuf heures vingt (du soir); **b)** cinq heures cinq; **c)** six heures et demie; **d)** minuit dix; **e)** une heure moins cinq; **f)** midi moins le quart; **g)** une heure vingt-cinq.

93 ★★☆ Das wievielte Mal?

So gut war ich. ☺ 😐 ☹

Notiere die Ordnungszahlen in Worten.

a) C'est la ______________________ fois que je viens ici.	1^e
b) J'habite au ______________________ étage.	11^e
c) Le sportif est arrivé à la ______________________ place.	7^e
d) C'est au moins la ______________________ fois que tu appelles !	10^e
e) Prenez la ______________________ rue à droite.	3^e
f) Je vois ce film pour la ______________________ fois.	5^e
g) Ce sont les élèves de ______________________.	6^e
h) Il fête son ______________________ anniversaire.	15^e
i) Je vous explique ça pour la ______________________ fois !	100^e

94 ★★☆ In welchem Pariser Bezirk liegt das Kino?

So gut war ich. ☺ 😐 ☹

Schreibe die Ordnungszahlen in Ziffern.

Le cinéma …

a) Gaumont-Parnasse est dans le ________ arrondissement.	quatorzième
b) Balzac est dans le ________.	huitième
c) MK2 Nation est dans le ________.	douzième
d) Cinaxe est dans le ________.	dix-neuvième
e) Escurial est dans le ________.	treizième
f) Paramount Opéra est dans le ________.	neuvième
g) Latina est dans le ________.	quatrième

93 a) première; **b)** onzième; **c)** septième; **d)** dixième; **e)** troisième; **f)** cinquième; **g)** sixième;
h) quinzième; **i)** centième.

94 a) 14e; **b)** 8e; **c)** 12e; **d)** 19e; **e)** 13e; **f)** 9e; **g)** 4e.

95 ★★☆ Nombre d'habitants

So gut war ich.

Hier stehen die Einwohnerzahlen von einigen französischen Städten in Worten. Kreuze jeweils die entsprechende Ziffer an.

a) Dijon a cent cinquante-huit mille deux habitants.

◯ 551 543 ◯ 158 002 ◯ 151 543

b) Nantes a trois cent dix-huit mille huit huit cent huit habitants.

◯ 243 025 ◯ 283 025 ◯ 318 808

c) Montpellier a deux cent quatre-vingt-quinze mille cinqt cent quarante-deux habitants.

◯ 253 710 ◯ 295 542 ◯ 253 612

d) Grenoble a cent cinquante-huit mille cent quatre-vingt-dix-huit habitants.

◯ 158198 ◯ 156 783 ◯ 156 713

96 ★★★ Die Franzosen im Ausland

So gut war ich.

Schreibe in Worten, wie viele Franzosen in den folgenden Ländern leben.*

		Nombre de Français (en lettres)
a) Allemagne	106 842	
b) Belgique	90 588	
c) Canada	68 075	
d) Sénégal	16 882	
e) Grande-Bretagne	112 660	

* fiktive Zahlen

95 a) 158 002; **b)** 318 808; **c)** 259 542; **d)** 158 198..
96 a) cent six mille huit cent quarante-deux; **b)** quatre-vingt-dix mille cinq cent quatre-vingt-huit; **c)** soixante-huit mille soixante-quinze; **d)** seize mille huit cent quatre-vingt-deux; **e)** cent douze mille six cent soixante.

So gut war ich.

97 ★☆☆ Die Intonationsfrage

Verbinde Fragen und Antworten.

a) Tu as ton portable ?	**1** Oui, mais vite, le film va commencer.
b) Vous aimez le quartier ?	**2** Allô ? Oui, c'est moi.
c) Ça va bien ?	**3** Non, dans une publicité.
d) Tu fais du roller ?	**4** Oh oui, je l'adore !
e) Vous jouez dans un film ?	**5** Oui, il est dans mon sac.
f) On va au cinéma ?	**6** Oui, très bien, et toi ?
g) Allô ? M. Vartan ?	**7** Non, je n'aime pas ce sport.

So gut war ich.

98 ★☆☆ Die Ergänzungsfrage

Füge die Fragewörter richtig ein. Bei einer Frage kannst du zwei Fragewörter einsetzen.

à quelle heure – où – quand (2x) – comment (2x) – quoi – qui – combien

a) Tu arrives ______________ ?	– Vendredi.
b) Tu viens avec ______________ ?	– Mon frère.
c) Vous venez ici ______________ ?	– En train.
d) Tu payes ______________ pour le voyage ?	– 38 €.
e) On va manger ______________ ?	– Au restaurant, si tu veux.
f) Tu veux faire ______________, le soir ?	– Sortir avec les copains.
g) Tu as rendez-vous avec eux ______________ ?	– A 22 heures.
h) Tu y vas ______________ ?	– En métro.

97 a) + 5; **b)** + 4; **c)** + 6; **d)** + 7; **e)** + 3; **f)** + 1; **g)** + 2.

98 a) quand; **b)** qui; **c)** comment; **d)** combien; **e)** où; **f)** quoi; **g)** quand / à quelle heure; **h)** comment.

99 ★☆☆ Ein neuer Schüler

So gut war ich. ☺ 😐 ☹

Bilde aus den folgenden Aussagen Fragen mit *est-ce que / est-ce qu'*.

a) Il y a un nouveau dans ta classe.

____

b) Tu sais son nom.

____

c) Il est sympa.

____

d) Il habite dans le quartier.

____

100 ★★☆ Gegenfragen

So gut war ich. ☺ 😐 ☹

Beantworte die Fragen wie im Beispiel.

Beispiel: Vous sortez, ce soir ? *– Oui, et toi, est-ce que tu sors aussi ?*

a) Vous allez au collège ?

– Oui, ______________________________

b) Vous venez en métro ?

– Oui, ______________________________

c) Vous faites du sport ?

– Oui, ______________________________

d) Vous habitez dans ce quartier ?

– Oui, ______________________________

e) Vos parents travaillent ?

– Oui, ______________________________

99 a) Est-ce qu'il y a un nouveau dans ta classe ? **b)** Est-ce que tu sais son nom ? **c)** Est-ce qu'il est sympa ? **d)** Est-ce qu'il habite dans le quartier ?

100 a) Et toi, est-ce que tu vas aussi au collège ? **b)** Est-ce que tu viens aussi en métro ? **c)** Est-ce que tu fais aussi du sport ? **d)** Est-ce que tu habites aussi dans le quartier ? **e)** Est-ce que tes parents travaillent aussi ?

101 ★★☆ Mit Fragewort am Anfang

So gut war ich. ☺ 😐 ☹

Formuliere die umgangssprachlichen Fragen um.

Beispiel: Tu habites où ? → *Où est-ce que tu habites ?*

a) Vous avez des vacances quand ?

____

b) On mange quoi à midi ?

____

c) Tu vas au collège comment ?

____

d) Il fait du foot où ?

____

102 ★★★ *La famille Bajot voyage.*

So gut war ich. ☺ 😐 ☹

Ergänze das passende Fragewort und *est-ce que* bzw. *est-ce qu'*.

Beispiel: *Où est-ce que* les Bajot passent le week-end ? – A Rombly.

a) _______________________________ les Bajot vont à Rombly ?

– En train.

b) _______________________________ ils prennent le TGV ?

– A 9 h 52.

c) _______________________________ ils vont à Rombly ?

– Parce que c'est l'anniversaire de la grand-mère, Lili.

d) _______________________________ Victor offre à sa grand-mère ?

– Une chanson.

101 a) Quand est-ce que vous avez des vacances ? **b)** Qu'est-ce qu'on mange à midi ?
c) Comment est-ce que tu vas au collège ? **d)** Où est-ce qu'il fait du foot ?
102 a) Comment est-ce que; **b) a)** quelle heure est-ce qu'; **c)** Pourquoi est-ce qu'; **d)** Qu'est-ce que.

So gut war ich.

103 ★☆☆ Die Ergänzungsfragen mit *qui* und *que*

Ergänze *qui* oder *que*.

a) ________ est Mme Bertaud ? – C'est notre prof.

b) ________ fait Emma après l'école ? – Elle fait du roller.

c) ________ demande la dame ? – Elle demande une adresse.

d) ________ joue avec l'ordinateur ? – C'est Valentin bien sûr !

e) ________ a dessiné l'affiche ? – C'est Christian.

f) ________ fait le chat sur la table ? – Il veut manger le gâteau.

So gut war ich.

104 ★★☆ Die umgangssprachliche Frage

Stelle umgangssprachliche Fragen. Schau dir dazu das Beispiel an.

Tipp: Beim Sprechen wird die Ergänzungsfrage oft ohne *est-ce que* gebildet. Das Fragewort steht dann nach dem Verb. Das Subjekt wird am Anfang mit Pronomen und am Ende der Frage mit Nomen betont.

Beispiel: Christian / habite / où / il / ? *Il habite où, Christian ?*

a) commence / le film / quand / il / ?

____

b) Mathieu / comment / il / va / ?

____

c) où / les garçons / sont / ils / ?

____

d) Elise / à quelle heure / arrive / elle / ?

____

e) tes sœurs / quel âge / elles / ont / ?

____

103 a) qui; **b)** que; **c)** que; **d)** qui; **e)** qui; **f)** que.
104 a) Il commence quand, le film ? **b)** Il va comment, Mathieu ? **c)** Ils sont où, les garçons ?
d) Elle arrive à quelle heure, Elise ? **e)** Elles ont quel âge, tes sœurs ?

So gut war ich.

105 ★☆☆ Fragen über eine Schülerin

Wende die passende Form des Pronomens *quel* an.

a) ________________ est son nom ?

b) ________________ est son adresse ?

c) ________________ est son numéro de téléphone ?

d) ________________ est son âge ?

e) ________________ est son collège actuel ?

f) ________________ sont ses notes en allemand ?

g) ________________ sont ses activités préférées ?

So gut war ich.

106 ★★☆ Interview eines Freundes

Setze die richtigen Formen von *quel* ein.

a) ________________ sont tes acteurs préférés ?

b) Tu apprends ________________ langues étrangères ?

c) ________________ musique te plaît le plus ?

d) ________________ vêtements tu préfères ?

e) ________________ sont tes animaux préférés ?

f) ________________ voiture ont tes parents ?

g) ________________ villes est-ce que tu connais en France ?

105 a) Quel; **b)** Quelle; **c)** Quel; **d)** Quel; **e)** Quel; **f)** Quelles; **g)** Quelles.

106 a) Quels; **b)** quelles; **c)** Quelle; **d)** Quels; **e)** Quels; **f)** Quelle; **g)** Quelles.

So gut war ich.

107 ★★☆ Die Frage nach dem Subjekt (I)

Ergänze *qui* oder *qu'*.

Tipp: ***Qui** est-ce **qui** …* = Wer? (Frage nach einer Person, die Subjekt ist.)
***Qu'**est-ce **qui** …* = Was? (Frage nach einer Sache, die Subjekt ist.)

a) __________ est-ce qui veut venir avec moi ? – Moi !

b) __________ est-ce qui se passe ? – J'ai un problème.

c) __________ est-ce qui fait la tête ? – C'est Emma.

d) __________ est-ce qui a gagné le premier prix ? – C'est Cécile.

e) __________ est-ce qui est cassé ? – C'est l'ordinateur de Marc.

f) __________ est-ce qui a préparé le repas ? – C'est ma mère.

g) __________ est-ce qui fait peur à Caro ? – L'orage !

h) __________ est-ce qui va venir ce soir ? – Gilles et Thibaut.

So gut war ich.

108 ★★★ Die Frage nach dem Subjekt (II)

Ergänze *qui est-ce qui* oder *qu'est-ce qui*.

a) ________________________________ a fait ce dessin ?

b) ________________________________ coûte le plus cher ?

c) ________________________________ déménage à Toulouse ?

d) ________________________________ te plaît le plus ?

e) ________________________________ est toujours ouvert le week-end ?

f) ________________________________ est blanc et tombe en hiver ?

g) ________________________________ a envie de voir ce film ?

107 a) Qui; **b)** Qu'; **c)** Qui; **d)** Qui; **e)** Qu'; **f)** Qui; **g)** Qu'; **h)** Qui.

108 a) Qui est-ce qui; **b)** Qu'est-ce qui; **c)** Qui est-ce qui; **d)** Qu'est-ce qui;
e) Qu'est-ce qui; **f)** Qu'est-ce qui; **g)** Qui est-ce qui.

109 ★★☆ Die Frage nach dem Objekt

So gut war ich. ☺ 😐 ☹

Ergänze *qui* oder *qu'*.

Tipp: ***Qui est-ce que*** = Wen? (Frage nach einer Person, die direktes Objekt ist.)
Qu'est-ce que = Was? (Frage nach einer Sache, die direktes Objekt ist.)

a) ________ est-ce que vous cherchez ? – Un cadeau pour Nora.

b) ________ est-ce que tu as rencontré en ville ? – Mathilde et Antony.

c) ________ est-ce que tu fais après le cours ? – Je vais au CDI.

d) ________ est-ce que tu invites à ta fête ? – Tous mes copains.

e) ________ est-ce que tu attends ? – Mon père.

f) ________ est-ce que vous pensez de mon idée ? – C'est super !

g) ________ est-ce qu'il y a à manger ? – Un gratin.

110 ★★★ Wen oder was?

So gut war ich. ☺ 😐 ☹

Übersetze die Fragen. Benutze *qui est-ce que* oder *qu'est-ce que*.

a) Wen hast du gesehen?

____

b) Was hast du?

____

c) Wen kennst du dort?

____

d) Was machen wir nun?

____

e) Wen können wir anrufen?

____

109 a) Qu'; **b)** Qui; **c)** Qu'; **d)** Qui; **e)** Qui; **f)** Qu'; **g)** Qu'.
110 a) Qui est-ce que tu as vu ? **b)** Qu'est-ce que tu as ? **c)** Qui est-ce que tu connais là-bas ?
d) Qu'est-ce qu'on fait maintenant ? **e)** Qui est-ce qu'on peut appeler ?

111 ★★★ Gemischte Fragen

So gut war ich.

Ergänze *qui est-ce qui / qu'est-ce qui / qui est-ce que / qu'est-ce que.*

a) ______________________ a fait ce dessin ? – C'est Luc.

b) ______________________ tu fais ici ? – J'attends Lara.

c) ______________________ te plaît le plus ? – Le sport.

d) ______________________ ne marche pas ? – C'est l'ordinateur.

e) ______________________ a une idée ? – Moi !

f) ______________________ tu voudrais rencontrer ? – Un bel acteur !

g) ______________________ a vu l'accident ? – Ce monsieur.

h) ______________________ est dangereux pour la santé ? – Les cigarettes !

112 ★★★ Vier Frageformen

So gut war ich.

Übersetze.

a) Was nimmst du?

____

b) Was ist los?

____

c) Wen magst du am liebsten?

____

d) Wer hat gewonnen?

____

111 a) Qui est-ce qui; **b)** Qu'est-ce que; **c)** Qu'est-ce qui; **d)** Qu'est-ce qui;
e) Qui est-ce qui; **f)** Qui est-ce que; **g)** Qui est-ce qui; **h)** Qu'est-ce qui.
112 a) Qu'est-ce que tu prends ? **b)** Qu'est-ce qu'il y a ? / Qu'est-ce qui se passe ?
c) Qui est-ce que tu préfères ? **d)** Qui est-ce qui a gagné ?

So gut war ich.

113 ★☆☆ Nach einer Präposition

Füge das richtige Fragewort *qui* oder *quoi* ein.
Tipp: *qui* = Frage nach Personen; *quoi* = Frage nach Sachen.

a) Avec ____________ tu as dansé ? – Avec Jean-Jacques.

b) A ____________ tu penses ? – A mes dernières vacances.

c) Pour ____________ tu as acheté ça ? – Ben, pour toi !

d) De ____________ tu veux parler ? – Du programme.

e) Chez ____________ tu vas dormir ? – Chez Nina.

f) Avec ____________ tu as fait ce gâteau ? – Avec du chocolat.

So gut war ich.

114 ★★☆ In der Umgangssprache

Sage dasselbe in der Umgangssprache!
Tipp: Auch die Franzosen finden die Fragen mit *qui est-ce qui, qui est-ce que, ...* etwas umständlich! Daher verwenden sie kürzere Formen, wenn sie sprechen.
***Qui** organise la fête ?* (Wer?)
*Tu cherches **qui** ?* (Wen?)
*Tu fais **quoi** ?* (Was?)

a) Qui est-ce que tu appelles ? ____________________

b) Qui est-ce qui fait l'exposé ? ____________________

c) Qu'est-ce que tu as répondu ? ____________________

d) Qui est-ce qui veut venir avec moi ? ____________________

e) Qu'est-ce que tu prépares ? ____________________

f) Qui est-ce que tu connais ? ____________________

113 a) qui; **b)** quoi; **c)** qui; **d)** quoi; **e)** qui; **f)** quoi.
114 a) Tu appelles qui ? **b)** Qui fait l'exposé ? **c)** Tu as répondu quoi ? **d)** Qui veut venir avec moi ? **e)** Tu prépares quoi ? **f)** Tu connais qui ?

So gut war ich.

115 ★★☆ Die förmliche Frage

Ersetze die üblichen Fragen durch förmliche Fragen.
Tipp: Im Gegensatz zum Deutschen wird die Inversionsfrage in der französischen Umgangssprache selten verwendet.

Beispiel: Vous connaissez cette histoire ? *Connaissez-vous cette histoire ?*

a) Est-ce qu'ils sont bien arrivés ?

____

b) Est-ce que tu veux un café ?

____

c) Pourquoi est-ce que vous n'êtes pas venus ?

____

d) Comment est-ce que vous m'avez trouvé ?

____

So gut war ich.

116 ★★★ Besonderheit in der 3. Person Singular

Schreibe Inversionsfragen.
Tipp: Bei *il, elle, on* tritt zwischen Verb und Subjekt ein *-t-*, wenn das Verb auf *-a* oder *-e* endet. Damit wird die Aussprache leichter.

Beispiel: Où est-ce qu'on va manger ? *Où va-t-on manger ?*

a) Est-ce qu'elle aime danser ? ______________________________

b) Quand est-ce qu'il arrive ? ______________________________

c) Pourquoi est-ce qu'elle a dit ça ? ______________________________

d) Est-ce qu'il a bien travaillé ? ______________________________

e) Comment est-ce qu'on va faire ? ______________________________

f) Est-ce qu'elle a compris ? ______________________________

115 a) Sont-ils bien arrivés ? **b)** Veux-tu un café ? **c)** Pourquoi n'êtes-vous pas venus ? **d)** Comment m'avez-vous trouvé ?
116 a) Aime-t-elle danser ? **b)** Quand arrive-t-il ? **c)** Pourquoi a-t-elle dit ça ? **d)** A-t-il bien travaillé ?
e) Comment va-t-on faire ? **f)** A-t-elle compris ?

So gut war ich.

117 ★☆☆ Beweise es!

Sam gibt gern an. Du glaubst ihm nicht und stellst Fragen nach dem genannten Nomen.

Je connais …	**Ah oui ? …**
un jeu super.	*Lequel ?*
a) une fille très jolie.	______________
b) des histoires drôles.	______________
c) des endroits formidables.	______________
d) une chanson géniale.	______________
e) des acteurs célèbres.	______________
f) des BD amusantes.	______________
g) un livre intéressant.	______________
h) des magasins pas chers.	______________

So gut war ich.

118 ★★☆ Kurze Nachfrage

Verbinde die passenden Aussagen und Fragen. Achte dabei auf die Nomen.

a) J'ai une grande nouvelle !	**1** Lesquelles ? Celles de Pâques ou d'été ?
b) J'ai trouvé des annonces intéressantes pour nos vacances.	**2** Lesquels ? Raconte !
c) Ils proposent trois stages intéressants pour nous.	**3** Ah, ah ! Laquelle ?
d) Un des stages a un programme sportif super.	**4** Ah bon. Lesquelles ?
e) Et en plus, nos copines y participent.	**5** Ah oui ? Lequel ? Montre-moi.

117 a) Laquelle ? **b)** Lesquelles ? **c)** Lesquels ? **d)** Laquelle ? **e)** Lesquels ? **f)** Lesquelles ? **g)** Lequel ? **h)** Lesquels ?
118 a) + 3; **b)** + 1; **c)** + 2; **d)** + 5; **e)** + 4.

So gut war ich.

119 ★★☆ *Lequel* nach der Präposition *à*

Bilde Fragen mit *à + lequel*. Passe die Formen entsprechend an.

Tipp: *à + lequel* → *auquel* *à + laquelle* → *à laquelle*
à + lesquels → *auxquels* *à + lesquelles* → *auxquelles*

a) On a téléphoné à plusieurs hôtels. – Ah oui, ______________________________ ?

b) J'ai écrit à plusieurs écoles. – Ah oui, ______________________________ ?

c) Il a participé à une grande fête. – Ah bon, ______________________________ ?

d) Je pense à un film. – Oui, mais ______________________________ exactement ?

e) Je pense aux grands moments de ma vie. – ______________________________ ?

f) On a joué à un nouveau jeu. – Ah bon, ______________________________ ?

So gut war ich.

120 ★★☆ *Lequel* nach der Präposition *de*

Bilde Fragen mit *de + lequel*. Passe die Formen entsprechend an.

Tipp: *de + lequel* → *duquel* *de + laquelle* → *de laquelle*
de + lesquels → *desquels* *de + lesquelles* → *desquelles*

a) C'est ma pub préférée.

– D'accord, mais ______________________________ tu parles ?

b) J'ai reçu des réponses négatives de plusieurs hôtels.

– Ah bon, et ______________________________ ?

c) Je suis amoureuse d'un garçon.

– Ah, ah, et ______________________________ exactement ?

d) Elle est jolie, cette robe !

– ______________________________ tu parles ?

e) J'ai fait des photos de plusieurs plages.

– ______________________________ ?

120 a) de laquelle; **b)** desquels; **c)** duquel; **d)** De laquelle; **e)** Desquelles.
119 a) auxquels; **b)** auxquelles; **c)** à laquelle; **d)** auquel; **e)** Auxquels; **f)** auquel.

121 ★☆☆ Christian, der neue Schüler

So gut war ich.

Antworte mit einem verneinten Satz.

Beispiel: Christian est français ? *Non, Christian n'est pas français.*

a) Ses parents habitent rue Dulac ?

____

b) Christian aime beaucoup le sport ?

____

c) Il prend le métro avec toi ?

____

d) Il connaît les autres élèves ?

____

e) Son père est professeur ?

____

122 ★☆☆ Katzen und Hunde

So gut war ich.

Verneine die folgenden Aussagen.

a) Les chiens jouent avec les chats.

____

b) Les chats sont des animaux dangereux.

____

c) Les chiens ont peur des souris.

____

d) Le chat de Manon s'appelle Roméo.

____

121 Non, … **a)** ils n'habitent pas rue Dulac. **b)** il n'aime pas beaucoup le sport. **c)** il ne prend pas le métro avec moi. **d)** il ne connaît pas les autres élèves. **e)** son père n'est pas professeur.
122 a) Les chiens ne jouent pas avec les chats. **b)** Les chats ne sont pas des animaux dangereux. **c)** Les chiens n'ont pas peur des souris. **d)** Le chat de Manon ne s'appelle pas Roméo.

So gut war ich. ☺ 😐 ☹

123 ★☆☆ Verneinte Antworten

Antworte mit der Verneinung *ne … pas de.*

a) Ses parents ont une maison en France ?

– Non, ils ______________________________

b) Malika raconte une histoire ?

– Non, elle ______________________________

c) Il y a une cantine dans ton collège ?

– Non, il ______________________________

d) Thomas porte un casque ?

– Non, il ______________________________

e) Valentin a une amie ?

– Non, il ______________________________

So gut war ich. ☺ 😐 ☹

124 ★★☆ Haben oder nicht haben

Schreibe auf, was diese Personen haben und was nicht.

Moi	Marion	Ma famille et moi	Alex	les Carbonne
vélo	~~sœur~~	~~chat~~	ordinateur	maison
~~voiture~~	frère	chien	~~portable~~	~~jardin~~

Beispiel: *Je n'ai pas de voiture, mais j'ai un vélo.*

a) Marion ______________________________

b) Nous ______________________________

c) Alex ______________________________

d) Les Carbonne ______________________________

123 Non, … **a)** n'ont pas de maison. **b)** ne raconte pas d'histoire. **c)** n'y **a)** pas de cantine. **d)** ne porte pas de casque.
e) n'a pas d'amie.
124 a) Marion n'a pas de sœur, mais elle **a)** un frère. **b)** Nous n'avons pas de chat, mais nous avons un chien.
c) Alex n'a pas de portable, mais il **a)** un ordinateur. **d)** Les Carbonne n'ont pas de jardin, mais ils ont une maison.

125 ★★☆ *Pendant les vacances*

So gut war ich. ☺ 😐 ☹

Schreibe die folgenden Sätze in der Verneinung.

a) Il écrit des cartes postales. ______________________

b) Il rencontre des jeunes. ______________________

c) Il fait des photos. ______________________

d) Il achète des souvenirs. ______________________

e) Il lit des livres. ______________________

126 ★★☆ Mütterliche Anweisungen

So gut war ich. ☺ 😐 ☹

Übersetze, was Mütter ihren Kindern ab und zu sagen.

a) Macht keinen Lärm! ______________________

b) Trinkt keine Cola! ______________________

c) Macht keine Dummheiten! ______________________

d) Stellt keine dumme Fragen! ______________________

127 ★★☆ Gemischte Formen

So gut war ich. ☺ 😐 ☹

Schreibe die folgenden Sätze in der Verneinung.

	Positiv	Negativ
a)	On habite dans ce quartier.	
b)	Nous avons un chien.	
c)	Victor pose des questions.	
d)	On regarde la télé.	
e)	Elle aime les animaux.	

125 a) Il n'écrit pas de cartes postales. **b)** Il ne rencontre pas de jeunes. **c)** Il ne fait pas de photos. **d)** Il n'achète pas de souvenirs. **e)** Il ne lit pas de livres.
126 a) Ne faites pas de bruit. **b)** Ne buvez pas de coca. **c)** Ne faites pas de bêtises. **d)** Ne posez pas de questions bêtes.
127 a) On n'habite pas dans ce quartier. **b)** Nous n'avons pas de chien. **c)** Il ne pose pas de questions. **d)** On ne regarde pas la télé. **e)** Elle n'aime pas les animaux.

So gut war ich.

128 ★☆☆ Vieles ist jetzt anders.

Die Familie Leclerc ist umgezogen. Setze die folgenden Sätze in die Verneinung.

Beispiel: Les Leclerc habitent toujours dans le même quartier.

Les Leclerc n'habitent plus dans le même quartier.

a) Ils regardent toujours les annonces d'appartement.

____

b) Ils ont toujours la même adresse.

____

c) Leur fille Elodie prend toujours le même métro.

____

d) Elle va toujours au même collège.

____

So gut war ich.

129 ★★☆ *Tout change.*

Antworte mit *ne … plus*.

a) Ta sœur va encore au collège ?

– Non, ______________________________

b) Adrien travaille toujours dans ce restaurant ?

– Non, ______________________________

c) Jules joue toujours sur l'ordinateur ?

– Non, ______________________________

d) Tu parles encore à Marie ?

– Non, ______________________________

128 a) Ils ne regardent plus les annonces … **b)** Ils n'ont plus la même adresse. **c)** Elodie ne prend plus le même métro. **d)** Elle ne va plus au même collège.
129 a) elle ne va plus au collège; **b)** il ne travaille plus dans ce restaurant; **c)** il ne joue plus sur l'ordinateur; **d)** je ne parle plus à M.

130 ★☆☆ Verschiedene Gewohnheiten

So gut war ich. ☺ 😐 ☹

Schreibe auf, was diese Leute niemals machen.

a) Lise joue souvent sur Internet. Anne ______

b) Louis sort beaucoup. Damien ______

c) Alex mange à la cantine. Alain ______

131 ★★☆ Wir sind nicht alle gleich!

So gut war ich. ☺ 😐 ☹

Freunde vergleichen sich. Was für die einen üblich ist, kommt bei den anderen niemals vor. Setze die folgenden Vergleiche in die Verneinung.

Beispiel: Moi, je suis toujours content, mais toi, *tu n'es jamais content.*

a) Manon veut toujours parler, mais son frère ______

______

b) Victor a souvent envie de jouer, mais Bruno et Adrien ______

______

c) Toi, tu es souvent en colère, mais moi, ______

______

132 ★★☆ In der Vergangenheit

So gut war ich. ☺ 😐 ☹

Antworte in der Verneinung.

a) Luc a déjà visité le Louvre ? – Non, il ______

b) Tu as déjà pleuré au cinéma ? – Non, je ______

c) Max est déjà allé à Nice ? – Non, il ______

130 a) A. ne joue jamais. **b)** D. ne sort jamais. **c)** A. ne mange jamais à la cantine.
131 a) son frère ne veut jamais parler; **b)** n'ont jamais envie de jouer; **c)** je ne suis jamais en colère.
132 a) n'a jamais visité le Louvre; **b)** n'ai jamais pleuré au cinéma; **c)** n'est jamais allé à Nice.

So gut war ich.

133 ★☆☆ Manche Leute tun viel, manche tun nichts!

Setze die folgenden Sätze in die Verneinung.

Beispiel: Ma mère prépare quelque chose à manger.

La mère de Léa ne prépare rien à manger.

a) Pour la fête, j'achète quelque chose.

Ma copine, Cécile ______________________________

b) Ma sœur a quelque chose à raconter.

Moi, je ______________________________

c) Max fait quelque chose pour l'école.

Ses copains ______________________________

d) Carine achète quelque chose.

Nous, on ______________________________

So gut war ich.

134 ★★☆ *Tout ou rien?*

Antworte in der Verneinung.

a) Ta mère sait tout ? – Non, elle ______________________________

b) Tu prends tout ? – Non, je ______________________________

c) Il veut tout faire ? – Non, il ______________________________

d) Tu as tout ? – Non, je ______________________________

e) Tu dis tout à tes amis ? – Non, je ______________________________

f) Tes parents paient tout ? – Non, ils ______________________________

g) Alors, on achète tout ? – Non, on ______________________________

h) Je change tout ? – Non, tu ______________________________

133 a) n'achète rien; **b)** n'ai rien à raconter; **c)** ne font rien; **d)** n'achète rien.
134 a) ne sait rien; **b)** ne prends rien; **c)** ne veut rien faire; **d)** n'ai rien;
e) ne dis rien; **f)** ne paient rien; **g)** n'achète rien; **h)** ne changes rien.

135 ★★☆ Hast du ein Glück!

So gut war ich. ☺ 😐 ☹

Schreibe das Gegenteil zu den folgenden Aussagen.

a) Je suis contente, j'ai tout compris et j'ai tout fait.

– Tu as de la chance, moi, je *n'ai rien compris et* ______________________

b) Tout va bien maintenant. Max m'a tout dit et il m'a tout expliqué.

– Tu as de la chance, Bruno ______________________

____

c) Ouf ! Nous avons tout préparé et nous avons tout terminé.

– Quelle chance ! Nous, nous ______________________

____

136 ★★☆ Nichts stimmt!

So gut war ich. ☺ 😐 ☹

Übersetze die Aussagen.

a) Wir haben nichts getan! ______________________

b) Sie hat nichts gestohlen. ______________________

c) Ich habe nichts gefunden. ______________________

d) Er hat nichts getrunken. ______________________

e) Ich habe nichts gesagt. ______________________

f) Ihr habt nichts gesehen. ______________________

g) Du hast nichts verstanden! ______________________

135 a) je n'ai rien fait; **b)** ne m'a rien dit et il ne m'a rien expliqué; **c)** n'avons rien préparé et nous n'avons rien terminé.
136 a) Nous n'avons rien fait ! / On n'a rien fait ! **b)** Elle n'a rien volé. **c)** Je n'ai rien trouvé. **d)** Il n'a rien bu.
e) Je n'ai rien dit. **f)** Vous n'avez rien vu. **g)** Tu n'as rien compris !

So gut war ich.

137 ★★☆ Drei Verneinungsformen

Setze die folgenden Sätze in die Verneinung.

a) Je mange souvent à la cantine. ______________________

b) Adrien joue encore au football. ______________________

c) Je prends toujours le bus 134. ______________________

d) On va au collège le samedi. ______________________

e) Nina a toujours le même copain. ______________________

f) Tom est souvent en colère. ______________________

g) J'ai un cadeau pour toi. ______________________

So gut war ich.

138 ★★★ Ende einer Liebschaft

Antworte in der Verneinung.

a) Véro est toujours amoureuse de Luc ?

– Non, ______________________

b) Mais est-ce qu'elle le voit encore ?

____

c) Elle sort souvent avec ses amis ?

____

d) Est-ce qu'elle a un nouveau copain ?

____

e) Alors, elle est souvent seule ?

____

137 a) Je ne mange jamais; **b)** A. ne joue plus; **c)** Je ne prends plus le bus; **d)** On ne va pas; **e)** N. n'a plus; **f)** T. n'est jamais; **g)** Je n'ai pas de cadeau.
138 a) elle n'est plus amoureuse. **b)** Non, elle ne le voit plus. **c)** Non, elle ne sort jamais avec ses amis. **d)** Non, elle n'a pas de nouveau copain. **e)** Non, elle n'est jamais seule.

139 ★★☆ Eine kleine Zusammenfassung

So gut war ich.

Verneine die Sätze, und verwende dabei die angegebenen Verneinungsformen.

a) Il a travaillé ici. + (ne … jamais)

____

b) Tu as répondu. + (ne … rien)

____

c) Ils ont parlé. + (ne … plus)

____

d) Nous avons lu ce texte. + (ne … jamais)

____

e) J'ai voulu savoir. + (ne … rien)

____

140 ★★★ Reisevorbereitung

So gut war ich.

Antworte mit den verschiedenen Verneinungen.

Est-ce que tu … – Non, je …

a) as tout préparé pour le voyage ? ______________________________

b) as tout noté ? ______________________________

c) es déjà allé en France ? ______________________________

d) as retrouvé le numéro de Laurent ? ______________________________

139 a) Il n'a jamais travaillé ici. **b)** Tu n'as rien répondu. **c)** Ils n'ont plus parlé. **d)** Nous n'avons jamais lu ce texte. **e)** Je n'ai rien voulu savoir.

140 a) n'ai rien préparé; **b)** n'ai rien noté; **c)** ne suis jamais allé; **d)** n'ai plus/pas retrouvé son numéro.

141 ★☆☆ Ein neuer Nachbar

So gut war ich.

Drücke das Gegenteil der folgenden Sätze aus. Benutze *ne … personne*.

Il est nouveau dans le quartier, alors

a) il connaît tout le monde. ____________________

b) il parle à tout le monde. ____________________

c) il joue avec tout le monde. ____________________

d) il invite tout le monde. ____________________

e) il dit bonjour à tout le monde. ____________________

f) il fait la fête avec tout le monde ____________________

g) il reçoit tout le monde chez lui. ____________________

142 ★★☆ Der schweigsame Leo …

So gut war ich.

Du triffst Leo, deinen neuen Nachbarn. Doch er hat keine Lust auf ein Gespräch …

Beispiel: Tu connais quelqu'un ici ? – Non, *je ne connais personne.*

a) Tu sors avec quelqu'un ?

– ____________________

b) Tu joues avec quelqu'un après l'école ?

– ____________________

c) Tu fais tes devoirs avec quelqu'un ?

– ____________________

d) Tu cherches quelqu'un comme ami ?

– ____________________

Eh bien, moi, je veux être ton ami !
– Ah oui ?!

141 a) il ne connaît personne. **b)** il ne parle à personne. **c)** il ne joue avec personne. **d)** il n'invite personne. **e)** il ne dit bonjour à personne. **f)** il ne fait la fête avec personne. **g)** il ne reçoit personne.

142 Non, … **a)** je ne sors avec personne. **b)** je ne joue avec personne. **c)** je ne fais mes devoirs avec personne. **d)** je ne cherche personne.

143 ★★☆ Des parents inquiets

So gut war ich. ☺ 😐 ☹

Annas Eltern fragen sie aus. Um sie zu beruhigen, bestreitet Anna alles. Schreibe ihre Antworten in der Verneinung wie im Beispiel.

Beispiel: Qui est-ce que tu as vu aujourd'hui ? *– Je n'ai vu personne.*

a) Qui est-ce que tu as rencontré ?

– ______________________________

b) Qui est-ce que tu as appelé ?

– ______________________________

c) A qui est-ce que tu as envoyé des messages?

– ______________________________

d) Avec qui est-ce que tu as parlé ?

– ______________________________

144 ★★☆ Schlechte Stimmung

So gut war ich. ☺ 😐 ☹

Übersetze.

Beispiel: Man kann niemand sehen. *On ne peut voir personne.*

a) Ich will niemand sehen.

____

b) Ich kann das niemandem erzählen.

____

c) Ich möchte niemand treffen.

____

d) Ich will mit niemandem sprechen.

____

143 a) Je n'ai rencontré personne. **b)** Je n'ai appelé personne. **c)** Je n'ai envoyé des message à personne. **d)** Je n'ai parlé avec personne.

144 a) Je ne veux voir personne. **b)** Je ne peux raconter ça à personne. **c)** Je ne voudrais rencontrer personne. **d)** Je ne veux parler à personne.

145 ★★☆ Im Präsens

So gut war ich. ☺ 😐 ☹

Füge die vorgegebenen Verneinungen in die Sätze ein.

a) Pierre a six ans. + (ne … pas encore) ____________________

b) Il va à l'école. + (ne … pas encore) ____________________

c) Il sait lire + (ne … pas encore) ____________________

d) Il sait écrire. + (ne … pas non plus) ____________________

e) Il aime le chocolat. + (ne … pas du tout) ____________________

____

f) Il joue avec sa sœur. + (ne … pas du tout) ____________________

____

146 ★★★ Im *Passé composé*

So gut war ich. ☺ 😐 ☹

Formuliere die Sätze anhand der Angaben um.

a) Il a fêté ses seize ans. + (noch nicht)

____

b) J'ai fini mes devoirs. + (noch nicht)

____

c) J'ai appris mes leçons. + (auch nicht)

____

d) J'ai aimé cet exercice. + (überhaupt nicht)

____

e) Les Carbonne ont déménagé. + (noch nicht)

____

145 a) P. n'a pas encore six ans. **b)** Il ne va pas encore à l'école. **c)** Il ne sait pas encore lire. **d)** Il ne sait pas écrire non plus. **e)** Il n'aime pas du tout le chocolat. **f)** Il ne joue pas du tout avec sa sœur.
146 a) Il n'a pas encore fêté. **b)** Je n'ai pas encore fini. **c)** Je n'ai pas non plus appris mes leçons. **d)** Je n'ai pas du tout aimé cet exercice. **e)** Les C. n'ont pas encore déménagé.

So gut war ich.

147 ★★☆ Emma will nicht umziehen

Die Familie Carbonne will umziehen, aber Emma ist dagegen. Formuliere die Argumente ihrer Mutter um. Benutze *ne … que*.

Tipp: *ne … que* ist eigentlich keine richtige Verneinung, sondern eine Einschränkung. Es wird oft anstelle von *seulement* (nur) gebraucht.

Emma, tu dois comprendre.

a) Notre appartement a seulement trois pièces.

___

b) Il y a seulement deux chambres !

___

c) On nous donne seulement une semaine pour réfléchir.

___

d) Tu penses seulement à toi !

___

So gut war ich.

148 ★★☆ *Nos vacances en Normandie*

Füge *ne … que* in die Sätze ein.

a) On est partis trois jours.

___

b) On a visité la cathédrale.

___

c) On a mangé des sandwichs.

___

d) Mais on a rencontré des gens intéressants.

___

147 a) Notre appartement n'a que trois pièces. **b)** Il n'y a que deux chambres. **c)** On ne nous donne qu'une semaine. **d)** Tu ne penses qu'à toi.
148 a) On n'est partis que trois jours. **b)** On n'a visité que la cathédrale. **c)** On n'a mangé que des sandwichs. **d)** Mais on n'a rencontré que des gens intéressants.

So gut war ich.

149 ★☆☆ Alle oder keiner

Schreibe das Gegenteil der folgenden Sätze.

Beispiel: Tout le monde le connaît. *Personne ne le connaît.*

a) Tout le monde est parfait ! ____________________

b) Tout le monde aime les problèmes ! ____________________

c) Tout le monde est d'accord. ____________________

d) Tout le monde comprend ça. ____________________

e) Tout le monde parle de ça. ____________________

f) Tout le monde vient. ____________________

So gut war ich.

150 ★★☆ Trauriges Fest

Verneine die Fragen. Benutze *personne ne* ....

a) Tout le monde t'a embrassé ?

– Non, ____________________

b) Tout le monde a pensé à toi ?

– Non, ____________________

c) Tout le monde a dansé ?

– Non, ____________________

d) Tout le monde a rigolé ?

– Non, ____________________

e) Tout le monde s'est bien amusé ?

– Non, ____________________

149 a) Personne n'est parfait ! **b)** Personne n'aime les problèmes ! **c)** Personne n'est d'accord. **d)** Personne ne comprend ça. **e)** Personne ne parle de ça. **f)** Personne ne vient.
150 a) personne ne m'a embrassé; **b)** personne n'a pensé à moi; **c)** personne n'a dansé; **d)** personne n'a rigolé; **e)** personne ne s'est amusé.

151 ★☆☆ *Rien ne va plus !*

So gut war ich. ☺ 😐 ☹

Schreibe das Gegenteil.

Beispiel: Tout est comme avant. *Rien n'est comme avant.*

a) Tout va bien. ____________________

b) Tout est facile. ____________________

c) Tout m'intéresse. ____________________

d) Tout est ouvert aujourd'hui. ____________________

e) Tout est gratuit. ____________________

f) Tout est amusant. ____________________

152 ★★☆ *Vacances ratées*

So gut war ich. ☺ 😐 ☹

David und Laurent vergleichen ihre Ferien. Für den einen war alles perfekt, für den anderen ist alles schief gegangen. Notiere seine negativen Kommentare.

a) David: Tout a super bien marché.

Laurent: ____________________

b) David: Tout m'a plu.

Laurent: ____________________

c) David: Tout m'a intéressé.

Laurent: ____________________

d) David: Tout était nouveau pour moi.

Laurent: ____________________

e) David: Tout a été comme je voulais.

Laurent: ____________________

151 a) Rien ne va bien. **b)** Rien n'est facile. **c)** Rien ne m'intéresse. **d)** Rien n'est ouvert. **e)** Rien n'est gratuit. **f)** Rien n'est amusant.

152 a) Rien n'a marché. **b)** Rien ne m'a plu. **c)** Rien ne m'a intéressé. **d)** Rien n'était nouveau. **e)** Rien n'a été comme je voulais.

So gut war ich.

153 ★★☆ Im Präsens

Antworte in der Verneinung auf die folgenden Fragen.

a) Tu connais quelqu'un ici ? – Non, ______

b) Tout le monde est là ? – Non, ______

c) Elle parle à tout le monde ? – Non, ______

d) Tout est clair ? – Non, ______

e) Quelqu'un connaît son adresse ? – Non, ______

f) Quelqu'un parle grec ici ? – Non, ______

So gut war ich.

154 ★★★ Im *Passé composé*

Antworte.

a) Quelqu'un a appelé ?

– Non, ______

b) Tu as dansé avec quelqu'un ?

– Non, ______

c) Il a pris quelque chose ?

– Non, ______

d) Tu as reçu quelque chose ?

– Non, ______

e) Quelqu'un l'a vu ?

– Non, ______

f) Tu as tout compris ?

– Non, ______

153 a) je ne connais personne; **b)** personne n'est là; **c)** elle ne parle à personne; **d)** rien n'est clair; **e)** personne ne connaît son adresse; **f)** personne ne parle grec.

154 a) personne n'a appelé; **b)** je n'ai dansé avec personne; **c)** il n'a rien pris; **d)** je n'ai rien reçu; **e)** personne ne l'a vu; **f)** je n'ai rien compris.

So gut war ich.

155 ★★☆ Kommentare von Schülern

Ergänze die richtige Form von *aucun(e) ne* als Subjekt des Nebensatzes.

Beispiel: On a eu souvent des devoirs, mais *aucun n'*a été aussi difficile !

a) On a lu plusieurs histoires, mais ____________________ m'a plu.

b) Tous mes copains sont là, mais ____________________ a fait ses devoirs.

c) Plusieurs profs sont sympas, mais ____________________ rigole.

d) Tom est amoureux de trois filles, mais ____________________ s'intéresse à lui.

e) J'ai fait plusieurs fautes, mais ____________________ était vraiment grave.

So gut war ich.

156 ★★★ Laura und ich

Zwei Freundinnen hatten unterschiedliche Ferienerlebnisse. Verneine die Aussagen und verwende dabei das Pronomen *en*.

Beispiel: Laura a écrit plusieurs cartes postales.

– Moi, je *n'en ai écrit aucune.*

a) Elle a visité beaucoup de monuments.

– Moi, je ____

b) Elle a acheté beaucoup de souvenirs.

– Moi, je ____

c) Elle a fait beaucoup de photos.

– Moi, je ____

d) Elle a rencontré plusieurs garçons.

– Moi, je ____

e) Mais elle a eu beaucoup de problèmes avec le français.

– Moi, je ____

155 a) aucune ne; **b)** aucun n'; **c)** aucun ne; **d)** aucune ne; **e)** aucune n'.
156 a) je n'en ai visité aucun; **b)** je n'en ai acheté aucun; **c)** je n'en ai fait aucune; **d)** je n'en ai rencontré aucun; **e)** je n'en ai eu aucun.

157 ★★☆ *Non !*

So gut war ich.

Antworte mit der passenden Verneinung.

a) Tu veux toujours faire ce stage ?

– Non, ____________________

b) Vous prenez souvent ce chemin ?

– Non, ____________________

c) Tu apportes quelque chose ?

– Non, ____________________

d) Elle sort toujours avec le même garçon ?

– Non, ____________________

e) Tu peux tout leur dire ?

– Non, ____________________

f) Il va encore au collège ?

– Non, ____________________

158 ★★★ *Bons réflexes*

So gut war ich.

Setze die folgenden Sätze in die Verneinung.

a) J'ai reçu une invitation. ____________________

b) J'ai déjà mangé des escargots.

____

c) Il a tout fait. ____________________

d) J'ai revu tout le monde. ____________________

e) J'ai fait tous les exercices. ____________________

157 a) je ne veux plus faire; **b)** on ne prend jamais; **c)** je n'apporte rien; **d)** elle ne sort plus avec lui; **e)** je ne peux rien leur dire; **f)** il ne va plus au collège.

158 a) Je n'ai pas reçu d'invitation. / Je n'ai reçu aucune invitation. **b)** Je n'ai jamais mangé d'escargots. **c)** Il n'a rien fait. **d)** Je n'ai revu personne. **e)** Je n'en ai fait aucun. / Je n'ai fait aucun exercice.

So gut war ich.

159 ★☆☆ Wer?

Ergänze die passenden Subjektpronomen.

a) ____________ (Bruno et Marc) regardent un film.

b) ____________ voulons aller en ville.

c) ____________ prenez le bus ?

d) ____________ (les traductions) sont difficiles.

e) ____________ voudrais un coca, s'il vous plaît.

f) ____________ (Léa) entre dans le square.

g) ____________ vas au CDI ?

h) ____________ (Stéphane) fait du sport.

So gut war ich.

160 ★☆☆ *Il(s) ou elle(s) ?*

Ergänze wieder die passenden Subjektpronomen.

a) Valentin cherche ses sœurs. ____________ sont dans le jardin ?

b) Ces appartements sont bien ! ____________ ont tous un balcon.

c) Eric est grand maintenant ! ____________ a quel âge ?

d) Regarde ces photos. ____________ sont belles, non ?

e) Pardon, où est la caisse ? ____________ est là, derrière vous.

f) Les stars sont à l'hôtel. ____________ donnent des interviews.

g) ____________ fait chaud ? – Oui, très chaud !

160 a) elles; **b)** ils; **c)** il; **d)** elles; **e)** elle; **f)** elles; **g)** il.

159 a) ils; **b)** nous; **c)** vous; **d)** elles; **e)** je; **f)** elle; **g)** tu; **h)** il.

161 ★★☆ *Je, tu, il …*

So gut war ich. ☺ 😐 ☹

Setze die passenden Pronomen ein.

a) Ton copain et toi, ____________ êtes allemands ?

b) Les filles sont au gymnase. ____________ font de l'escalade.

c) Ma sœur et moi, ____________ fait du piano.

d) Alice et Sophie arrivent demain. ____________ prennent le train.

e) Christophe, ____________ me donnes ton numéro ?

f) Les Carbonne cherchent un appartement mais ____________ rêvent d'une maison.

g) Paul et moi, ____________ allons au ciné.

h) Moi, ____________ reste chez moi.

162 ★★☆ *Après l'école*

So gut war ich. ☺ 😐 ☹

Übersetze die markierten Sätze ins Französische.

a) Valentin et Manon sont à la maison. Sie spielen. ____________________________________

b) Leur sœur, Emma, appelle sa copine Malika. Sie sagt: ________________________________

c) «Willst du zu mir kommen? ____

d) Wir können die Hausaufgaben zusammen machen. _________________________________

____ »

e) «D'accord ! Sie sind heute sehr schwer! ____ »

f) Maintenant Malika est là. Sie lesen die Texte. ______________________________________

g) Tout à coup, Emma crie à Valentin et Manon: «Ihr macht zu viel Lärm!

____

h) Ich kann nicht arbeiten! ____ »

161 a) vous; **b)** Elles; **c)** on; **d)** Elles; **e)** tu; **f)** ils; **g)** nous; **h)** je.

162 a) Ils jouent; **b)** Elle dit; **c)** Tu veux venir chez moi ? **d)** On peut faire les devoirs ensemble. **e)** Ils sont très difficiles aujourd'hui. **f)** Elles lisent les textes; **g)** Vous faites trop de bruit; **h)** Je ne peux pas travailler.

163 ★★☆ In der dritten Person

So gut war ich. ☺ 😐 ☹

Ergänze *le / la / l' / les*.

a) C'est l'anniversaire de Malika. Je _______ invite au ciné.

b) Elle a un nouveau copain. Elle _______ voit tous les jours.

c) Tu connais la librairie Libris ? – Non, je ne _______ connais pas.

d) Il y a un bus. On _______ prend ?

e) J'ai rendez-vous avec mes copains. Je _______ rencontre à six heures.

f) Je cherche le numéro de Nadine. Est-ce que tu _______ as ?

g) Tu aimes les films de Louis de Funès ? – Oui, je _______ trouve drôles.

164 ★★☆ Minidialoge

So gut war ich. ☺ 😐 ☹

Ergänze die direkten Objektpronomen.

a) «Tu aimes Jean ?

– Oui, il _________ comprend bien. Il _________ appelle tous les jours.

Il est toujours d'accord pour _________ aider. Je _________ aime beaucoup.»

b) «Allô ? Mme Bertaud ? Ici, Mme Carbonne. Je voudrais _________ voir pour parler de ma fille. Est-ce que je peux _________ rencontrer ?»

c) «Salut Marc, salut Fanny. Ça va ?

– Oui, très bien. On va chez Carole. Tu veux _________ accompagner ?

Carole _________ connaît et elle _________ trouve sympa.

– Alors, d'accord.»

163 a) je **l'**invite; **b)** Elle **le** voit; **c)** je ne **la** connais pas; **d)** On **le** prend; **e)** je **les** rencontre; **f)** tu **l'**as; **g)** je **les** trouve drôles.
164 a) il **me** comprend; il **m'**appelle; **m'**aider; je **l'**aime beaucoup; **b)** je voudrais **vous** voir; je peux **vous** rencontrer;
c) tu veux **nous** accompagner; Elle **te** connaît; elle **te** trouve sympa.

165 ★☆☆ Was kann das sein?

So gut war ich. ☺ 😐 ☹

Was könnte das Pronomen ersetzen? Kreuze die zwei möglichen Antworten an.

a) Je le prends tous les jours.

◯ le bus ◯ ma voiture ◯ le métro

b) Elle les voit ce soir.

◯ sa copine ◯ ses copains ◯ ses parents

c) Il l'invite à sa fête.

◯ Christian ◯ Amélie ◯ Zoé et Lili

d) Je les fais seule.

◯ l'affiche ◯ mes devoirs ◯ les traductions

e) Je la rencontre souvent.

◯ ma voisine ◯ Thomas ◯ Mme Rousseau

f) On les écrit dans le cahier.

◯ les mots ◯ les phrases ◯ le vocabulaire

g) Je l'emporte toujours.

◯ mes livres ◯ mon porte-monnaie ◯ ma carte de métro

166 ★★☆ Mich, dich …

So gut war ich. ☺ 😐 ☹

Übersetze.

a) Ich treffe dich dort. ______________________

b) Er findet uns nett. ______________________

c) Liebst du mich? ______________________

d) Ich verstehe euch. ______________________

165 a) le bus / le métro; **b)** ses copains / ses parents; **c)** Christian / Amélie; **d)** mes devoirs / les traductions; **e)** ma voisine / Mme Rousseau. **f)** les mots / les phrases; **g)** mon porte-monnaie / ma carte.
166 a) Je te rencontre là-bas. **b)** Il nous trouve sympas. **c)** Tu m'aimes ? **d)** Je vous comprends.

167 ★☆☆ Was? Wen?

So gut war ich. ☺ 😐 ☹

Ergänze die Antworten und ersetze dabei die markierten Nomen durch die passenden Pronomen.

a) Il aime bien les chats ? – Oui, il ______________________ beaucoup.

b) Elle regarde la télé ? – Oui, elle ______________________ souvent.

c) Vous voyez Pierre et Hélène quand ? – On ______________________ ce soir.

d) Tu prends le bus ? – Oui, je ______________________ tous les jours.

e) Elle met souvent cette robe ? – Oui, elle ______________________ à chaque fête.

f) Tu attends tes amis ? – Oui, je ______________________ toujours.

g) Ils aiment ton copain ? – Oui, ils ______________________ bien.

168 ★★☆ Objektpronomen und Verneinung

So gut war ich. ☺ 😐 ☹

Verneine die Fragen anhand der Informationen in Klammern.

a) Ton frère apprend ses leçons ?

(ne … jamais) – Non, ______________________

b) Tu regardes toujours cette série ?

(ne … plus) – Non, ______________________

c) Tu comprends bien les films français ?

(ne … pas toujours) – Non, ______________________

d) Tu prends ton portable ?

(ne … pas) – Non, ______________________

e) Tu sais la réponse ?

(ne … pas) – Non, ______________________

167 a) il les aime; **b)** elle la regarde; **c)** les voit; **d)** je le prends; **e)** elle la met; **f)** je les attends; **g)** ils l'aiment.
168 a) il ne les apprend jamais. **b)** je ne la regarde plus. **c)** je ne les comprends pas toujours. **d)** je ne le prends pas.
e) je ne la sais pas.

169 ★☆☆ Sätze mit Infinitiv

So gut war ich.

Antworte mit dem gleichen Verb und dem passenden Pronomen.

Beispiel: Tu as déjà vu ce film ? – Non, mais je voudrais *le voir*.

a) Tu as déjà appris tous les mots ? – Non, mais je dois ____________________.

b) Tu as déjà lu ce livre ? – Non, mais je vais ____________________ bientôt.

c) Tu as pris le bus ce matin ? – Non, mais je vais ____________________ ce soir.

d) Tu as fini tes devoirs ? – Non, mais je voudrais ____________________ très vite !

e) Tu as rencontré Cécile ? – Non, mais je vais ____________________ ce soir.

f) Tu as déjà appelé Eric ? – Non, mais je peux ____________________ maintenant.

170 ★★☆ Verneinte Sätzen mit Infinitiv

So gut war ich.

Bringe die Satzteile in die richtige Reihenfolge.

a) elle / plus / trouver / ne / la / peut / .

____

b) ne / inviter / on / les / pas / va / .

____

c) me / il / voir / ne / plus / veut / .

____

d) peux / comprendre / pas / je / ne / le / .

____

e) t' / ils / attendre / pas / vont / ne / .

____

f) faire / le / dois / tu / pas / ne / .

____

169 a) les apprendre; **b)** le lire; **c)** le prendre; **d)** les finir; **e)** la rencontrer; **f)** l'appeler.
170 a) Elle ne peut plus la trouver. **b)** On ne va pas les inviter. **c)** Il ne veut plus me voir. **d)** Je ne peux pas le comprendre. **e)** Ils ne vont pas t'attendre. **f)** Tu ne dois pas le faire.

So gut war ich.

171 ★★☆ Wie sagst du es?

Übersetze die Sätze, die in Klammern stehen.

a) Ces lunettes ? (Ich will sie nicht mehr aufsetzen.)

____

b) Ton livre ? (Ich habe es vergessen.)

____

c) La situation ? (Er kann sie nicht verstehen.)

____

d) Les devoirs ? (Ich will sie nicht machen!)

____

e) Ton piano ? (Wir können es nicht mitnehmen!)

____

So gut war ich.

172 ★★☆ Im *Passé composé*

Ersetze in der Antwort die markierten Teile durch die passenden direkten Objektpronomen.

a) Il a mis son nouveau pantalon ? – Oui, ______________________

b) Tu as trouvé le numéro de Claudine ? – Oui, ______________________

c) Vous avez rencontré Julien ? – Oui, ______________________

d) Tu as fait le test seul ? – Oui, ______________________

e) Des gens ont vu le voleur ? – Oui, ______________________

f) Ils ont trouvé l'appartement idéal ? – Oui, ______________________

171 a) Je ne veux plus les mettre. **b)** Je l'ai oublié. **c)** Il ne peut pas la comprendre. **d)** Je ne veux pas les faire. **e)** On ne peut pas l'emporter.
172 a) il l'a mis. **b)** je l'ai trouvé. **c)** on l'a rencontré / nous l'avons rencontré. **d)** je l'ai fait seul. **e)** des gens l'ont vu. **f)** ils l'ont trouvé.

So gut war ich.

173 ★☆☆ *A qui ?*

Ersetze die markierten Wörter durch *lui / leur*.

a) Elle achète un livre à son frère.

Elle ______________________________

b) Il raconte une histoire à Nathalie.

Il ______________________________

c) On apporte des fleurs à notre professeur.

On ______________________________

d) Je parle souvent à mes grands-parents.

Je ______________________________

e) Je donne mon adresse à Bernard.

Je ______________________________

f) Vous lisez des histoires à vos enfants ?

Vous ______________________________

So gut war ich.

174 ★☆☆ *Des cadeaux*

Ergänze das Verb *donner* und die passenden indirekten Pronomen.

a) Qu'est-ce que tu donnes à ton copain ? – Je ____________ un billet de concert.

b) Et à tes parents ? – Je ____________ une bonne bouteille.

c) Qu'est-ce que Cécile donne à sa sœur ? – Elle ____________ un livre.

d) Qu'est-ce que Fabien donne à sa mère ? – Il ____________ un bijou.

e) Qu'est-ce que Luc donne à ses parents ? – Il ____________ des chocolats.

f) Qu'est-ce que je donne à mes amis ? – Tu ____________ un jeu.

173 a) Elle lui achète un livre. **b)** Il lui raconte une histoire. **c)** On lui apporte des fleurs. **d)** Je leur parle souvent. **e)** Je lui donne mon adresse. **f)** Vous leur lisez des histoires ?

174 a) lui donne; **b)** leur donne; **c)** lui donne; **d)** lui donne; **e)** leur donne; **f)** leur donnes.

So gut war ich. ☺ 😐 ☹

175 ★★☆ *Ça me plaît !*

Ersetze das Verb *aimer* durch *plaire* + ein indirektes Pronomen und bilde Sätze wie im folgenden Beispiel.

Beispiel: J'aime bien ces chaussures. Ces chaussures *me plaisent bien*.

a) Ma mère aime beaucoup ce film. Ce film ______________________.

b) Mes copains aiment bien ce restaurant. Ce restaurant ______________________.

c) Tu aimes ton collège ? Ton collège ______________________ ?

d) Vous aimez cet appartement ? Cet appartement ______________________ ?

e) Nous aimons la cuisine française. La cuisine française ______________________.

f) J'aime les personnes drôles. Les personnes drôles ______________________.

g) Louis aime bien les jeux vidéo. Les jeux vidéo ______________________.

So gut war ich. ☺ 😐 ☹

176 ★★☆ In verneinten Sätzen

Antworte in der Verneinung mit dem richtigen indirekten Objektpronomen.

a) Emma parle encore à Elodie ?

(ne … plus) – Non, ______________________

b) On demande à la prof ?

(ne … rien) – Non, ______________________

c) Tu écris toujours à tes amis ?

(ne … plus) – Non, ______________________

d) Je téléphone à Mme Robert ?

(ne … pas) – Non, ______________________

e) Tu montres tes messages à ta mère ?

(ne … jamais) – Non, ______________________

175 a) lui plaît beaucoup. **b)** leur plaît bien. **c)** te plaît ? **d)** vous plaît ? **e)** nous plaît. **f)** me plaisent. **g)** lui plaisent.
176 a) elle ne lui parle plus. **b)** on ne lui demande rien. **c)** je ne leur écris plus. **d)** tu ne lui téléphones pas.
e) Non, je ne lui montre jamais mes messages.

177 ★★☆ Direktes oder indirektes Objektpronomen?

So gut war ich.

Finde jeweils das Objektpronomen, das das markierte Nomen ersetzen kann.

Beispiel: Les Dumas invitent leurs voisins. *les*

a) Emma va quitter la ville. ____________

b) Tout le monde donne ses frites à Olivier. ____________

c) La classe envoie une vidéo aux élèves de Dakar. ____________

d) Lise raconte ses vacances à Laura. ____________

e) Les policiers attrapent le voleur. ____________

f) Les chiens font peur à Cécile. ____________

g) Emma plaît à Fabien. ____________

178 ★★★ Der ideale Freund

So gut war ich.

Was macht er für sie? Ergänze die richtigen Objektpronomen.

a) Il ____________ envoie des messages d'amour.

b) Il ____________ apporte des fleurs.

c) Il ____________ aide à faire ses devoirs.

d) Il ____________ écoute quand elle parle.

e) Il ____________ invite au cinéma.

f) Il ____________ demande son avis.

g) Il ____________ comprend bien.

h) Il ____________ dit souvent qu'il ____________ aime.

177 a) la; **b)** lui; **c)** leur; **d)** lui; **e)** l'; **f)** lui; **g)** lui.
178 a) lui; **b)** lui; **c)** l'; **d)** l'; **e)** l'; **f)** lui; **g)** la; **h)** lui; l'.

So gut war ich.

179 ★★☆ *me, te, lui …*

Ergänze die passenden indirekten Objektpronomen.

a) Demain, nous allons à Montrouge. La propriétaire veut ____________ montrer la maison.

b) Luc est amoureux de moi. Il ____________ envoie des message, il ____________ fait des cadeaux et il ____________ téléphone tous les jours.

c) Tu n'as pas compris ? Bon, alors je ____________ explique encore une fois.

d) Tu vas chez le directeur et tu ____________ raconte tes problèmes.

e) Merci pour votre offre. Je ____________ donne ma réponse le plus vite possible.

f) Attends ! Je vais ____________ montrer comment ça marche.

g) Elle est souvent avec ses copines. Elle ____________ raconte toute sa vie.

So gut war ich.

180 ★★★ Direktes oder indirektes Pronomen?

Antworte im *Passé composé* bzw. *Futur composé*. Ersetze das markierte Nomen durch das passende Objektpronomen.

a) Il a déjà envoyé son CV ?

– Oui, il ____

b) Tu vas acheter ces chaussures ?

– Oui, je ____

c) Elle a parlé de son problème à ses parents ?

– Oui, elle ____

d) Vous avez fait ce travail seul ?

– Bien sûr, je ____

e) Vous allez offrir quelque chose à Sandra ?

– Oui, on ____

179 a) nous; **b)** m'; me; me; **c)** t'; **d)** lui; **e)** vous; **f)** te; **g)** leur.

180 a) l'a déjà envoyé. **b)** vais les acheter. **c)** leur **a** parlé de son problème. **d)** l'ai fait seul. **e)** va lui offrir quelque chose.

181 ★☆☆ Lauter Befehle!

So gut war ich. ☺ 😐 ☹

Ersetze die markierten Wörter durch das direkte Objektpronomen. Vergiss nicht, den Bindestrich hinzuzufügen.

Beispiel: Respectez la nature ! *Respectez-la !*

a) Donne mon numéro à Fabien ! ______________________

b) Préparez bien l'exposé ! ______________________

c) Prenons nos vacances en juin ! ______________________

d) Mets ta jolie robe ! ______________________

e) Prends ton parapluie ! ______________________

f) Regarde les gens là-bas ! ______________________

g) Ecoutez bien cette chanson ! ______________________

182 ★☆☆ Tue dies und das!

So gut war ich. ☺ 😐 ☹

Ersetze nun die markierten Wörter durch das indirekte Objektpronomen. Denke wieder daran, den Bindestrich hinzuzufügen.

a) Ecrivez au directeur ! ______________________

b) Raconte ça à tes parents ! ______________________

c) Demandez au monsieur là-bas ! ______________________

d) Présente Jérémy à Sophie ! ______________________

e) Parle à ta mère ! ______________________

f) Donne mon numéro aux copains ! ______________________

g) Apporte un cadeau aux enfants ! ______________________

181 a) Donne-le à Fabien ! **b)** Préparez-le bien ! **c)** Prenons-les en juin ! **d)** Mets-la ! **e)** Prends-le ! **f)** Regarde-les ! **g)** Ecoutez-la bien !

182 a) Ecrivez-lui ! **b)** Raconte-leur ça ! **c)** Demandez-lui ! **d)** Présente-lui Jérémy ! **e)** Parle-lui ! **f)** Donne-leur mon numéro ! **g)** Apporte-leur un cadeau !

So gut war ich.

183 ★★☆ Sinnvolle Konsequenzen

Verbinde die Aussagen mit den passenden Aufforderungen.

Alors, ...

a) J'aime bien ce pull.	**1** envoie-leur un e-mail !
b) Cette phrase est fausse.	**2** ouvre-leur !
c) Ces fruits sont beaux.	**3** apprenez-les bien !
d) Ils attendent ta réponse.	**4** change-la !
e) Nicole a des problèmes.	**5** achète-le !
f) Tes copains sonnent à la porte.	**6** achète-les !
g) Ces mots sont importants.	**7** envoie-lui une invitation !
h) Cette fille te plaît.	**8** aidons-la !

So gut war ich.

184 ★★☆ Logische Folge

Setze die Verben in Klammern in den Imperativ und benutze ein Objektpronomen wie im Beispiel.
Tipp: Die direkten und indirekten Pronomen sind gleich außer in der 3. Person.

Beispiel: Cette robe te plaît ?	Alors, (acheter) *achète-la* !
a) Tu ne vois rien sans tes lunettes ?	Alors, (mettre) ____________________
b) Tu n'as rien dit à Fanny ?	Alors, (parler) ____________________
c) Vous avez oublié l'anniversaire de mamie ?	Alors, (appeler) ____________________
d) Tu sais où est ton portable ? Non ?	Alors, (chercher) ____________________
e) Tu n'as pas écrit à tes parents ? Alors,	(téléphoner) ____________________
f) Vous ne connaissez pas vos voisins ?	Alors, (inviter) ____________________

183 a) + 5; **b)** + 4; **c)** + 6; **d)** + 1; **e)** + 8; **f)** + 2; **g)** + 3; **h)** + 7.
184 a) mets-les. **b)** parle-lui. **c)** appelez-la. **d)** cherche-le. **e)** téléphone-leur. **f)** invitez-les.

185 ★★★ Der verneinte Imperativ

So gut war ich.

Bringe die folgenden Verbote in die Befehlsform. Ersetze dabei die markierten Teile durch die passenden Objektpronomen.

Beispiel: Tu ne dois pas parler à ton frère comme ça ! *Ne lui parle pas comme ça !*

a) Vous ne devez pas oublier l'anniversaire de papa !

____

b) Tu ne dois pas toujours tout dire à tes amis !

____

c) Tu ne dois pas faire ce travail pour lui !

____

d) Vous ne devez pas donner de chocolat au chat !

____

e) Tu ne dois pas quitter Marie !

____

186 ★★★ Aufforderungen

So gut war ich.

Übersetze.

a) Schreibt mir oft! ____________________

b) Suche ihn! ____________________

c) Vergiss mich nicht! ____________________

d) Ruf mich nicht mehr an! ____________________

e) Gib mir eine Idee! ____________________

f) Kauf ihr einen Pulli! ____________________

185 a) Ne l'oubliez pas ! **b)** Ne leur dis pas tout ! **c)** Ne le fais pas pour lui ! **d)** Ne lui donnez pas de chocolat ! **e)** Ne la quitte pas !

186 a) Ecrivez-moi souvent ! **b)** Cherche-le ! **c)** Ne m'oublie pas ! **d)** Ne m'appelle plus ! **e)** Donne-moi une idée ! **f)** Achète-lui un pull !

So gut war ich.

187 ★☆☆ *Pour qui ?*

Ergänze die passenden Personalpronomen.

a) J'ai un petit cadeau pour ___________, maman.

b) Mme Denis, j'ai un message pour ___________.

c) Je vais en ville. Tu viens avec ___________ ?

d) On a des amis à Nice. On passe les vacances chez ___________.

e) Bruno sort avec Sandra. Il est très amoureux d'___________.

f) Tu es moins grand que Daniel mais tu es plus fort que ___________.

g) Ce soir, je rencontre mes copines. J'ai rendez-vous avec ___________ à huit heures.

So gut war ich.

188 ★★☆ *Projets de vacances*

Ergänze wieder die passenden Personalpronomen.

a) Marie: En août, on va en Provence. Tu veux venir avec ___________ ?

b) Sophie: Je ne peux pas. Mes parents vont en Italie. Je pars avec ___________.

c) Marie: Et ___________, Chloé ? Qu'est-ce que tu fais ?

d) Chloé: ___________, je vais chez ma grand-mère.

Je passe deux semaines chez ___________.

e) Marie: Ta sœur vient avec ___________ ?

f) Chloé: Non, elle a un copain et elle part avec ___________ à Nice.

187 a) toi; **b)** vous; **c)** moi; **d)** eux; **e)** elle; **f)** lui; **g)** elles.

188 a) nous; **b)** eux; **c)** toi; **d)** Moi; elle; **e)** toi; **f)** lui.

189 ★★☆ *Les autres et moi*

So gut war ich.

Ersetze die markierten Nomen durch die passenden Personalpronomen.

a) Il habite encore chez ses parents. ____________

b) Daniel est chez Nadia. ____________

c) Je prépare un repas pour mon frère. ____________

d) Je pense souvent à mes grands-parents. ____________

e) On mange avec Christian. ____________

f) Le professeur a des copies pour ses élèves. ____________

g) Tu veux jouer avec Manon et Lisa ? ____________

h) Tu penses encore à Emma ? ____________

190 ★★★ *Réflexes*

So gut war ich.

Verbinde die Fragen mit den richtigen Antworten.

a) Cécile a gagné un prix. Et Agnès ?	**1** Moi aussi !
b) Nous partons ce week-end. Et vous ?	**2** C'est lui.
c) Je fais du sport. Et toi ?	**3** Oui, elle aussi.
d) C'est à qui ?	**4** Oh, elles ? Elles sont toujours en retard !
e) Marc, qui est-ce ?	**5** Non, avec eux, on ne rigole pas.
f) Où sont les filles ?	**6** Nous, on reste ici.
g) Tu ne sors pas avec tes copains ?	**7** C'est à moi !

So gut war ich.

191 ★★☆ *Moi, toi, etc.*

Ergänze die passenden Personalpronomen.

a) Malika et ____________, nous aimons le sport.

b) ____________, j'habite à la campagne. Mes sœurs, ____________, vivent en ville.

c) Jacques et Annie sortent ensemble. ____________, je le trouve difficile mais,

____________, c'est une bonne copine.

d) Ton amie et ____________, vous partez en vacances ensemble ?

e) Nous, on reste ici. Les garçons, ____________, vont faire du foot.

f) C'est une actrice connue. On parle beaucoup d'____________ dans les médias.

So gut war ich.

192 ★★★ *C'est à moi !*

Formuliere die folgenden Sätze wie im Beispiel um.

Beispiel: C'est la voiture de Luc. *Cette voiture est à lui.*

a) C'est le sac à dos de Brigitte. ______________________________

b) C'est la maison de M et Mme Brun. ______________________________

c) Ce sont nos vélos. ______________________________

d) C'est ton livre. ______________________________

e) Ce sont les affaires de Nicole et Sophie. ______________________________

f) C'est ma carte. ______________________________

g) Ce sont vos papiers. ______________________________

191 a) moi; **b)** Moi, elles; **c)** Lui; elle; **d)** toi; **e)** eux; **f)** elle.
192 a) Ce sac est à elle. **b)** Cette maison est à eux. **c)** Ces vélos sont à nous. **d)** Ce livre est à toi.
e) Ces affaires sont à elles. **f)** Cette carte est à moi. **g)** Ces papiers sont à vous.

193 ★☆☆ Eine Übung, die viel nützt!

So gut war ich. ☺ 😐 ☹

Bilde aus den zwei Sätzen einen einzigen Satz.
Benutze dafür das Relativpronomen *qui*.

a) Laura a connu un garçon. Ce garçon est très beau.

____

b) Elles regardent l'affiche. L'affiche est sur le mur du collège.

____

c) Ils écoutent un groupe génial. Le groupe s'appelle Zenzila.

____

d) On suit M. Bajot. M. Bajot est le guide du groupe.

____

194 ★☆☆ *C'est quelque chose que j'adore !*

So gut war ich. ☺ 😐 ☹

Antworte mit demselben Verb und mit dem Relativpronomen *que / qu'*.

Beispiel: Tu connais ce chanteur ?

– Oh, oui, c'est un chanteur que je connais bien.

a) Tu aimes bien ce dessert ?

– ____

b) Tu portes souvent ce pantalon ?

– ____

c) Il chante souvent cette chanson ?

– ____

d) Elle voit souvent ces gens-là ?

– ____

193 a) Laura a connu un garçon qui est très beau. **b)** Elles regardent l'affiche qui est sur le mur. **c)** Ils écoutent un groupe génial qui s'appelle Z. **d)** On suit M. Bajot qui est le guide du groupe.
194 Oh, oui, … **a)** c'est un dessert que j'aime bien. **b)** c'est un pantalon que je porte souvent. **c)** c'est une chanson qu'il chante souvent. **d)** ce sont des gens qu'elle voit souvent.

195 ★☆☆ Das Relativpronomen *où*

So gut war ich.

Verbinde die Orte mit den jeweils passenden Beschreibungen.

a) Un stade est un endroit	**1** où on fabrique l'Airbus.
b) Une cantine est un endroit	**2** où on fait du sport.
c) Toulouse est la ville	**3** où on peut prendre le train.
d) La gare est un endroit	**4** où les musiciens jouent.
e) Le gymnase est un endroit	**5** où on regarde des matchs de rugby.
f) La scène est l'endroit	**6** où on peut grimper comme Tarzan.
g) Le parc Chloro'fil est un endroit	**7** où les élèves mangent à midi.

196 ★★☆ *Qui* oder *que?*

So gut war ich.

Ergänze *qui* oder *que/qu'*.

a) L'escalade est un sport ________ Victor aime beaucoup.

b) Le médecin ________ regarde la jambe de Fabien est très sympa.

c) Elle a un cousin ________ travaille comme cuisinier.

d) Les gens ________ ils connaissent viennent de tous les pays.

e) Je t'apporte la vidéo ________ j'ai faite avec mes copains.

f) Il a trouvé un travail ________ a l'air intéressant.

g) C'est une personne ________ je n'aime pas beaucoup.

h) Tu peux prendre les vêtements ________ je ne mets plus.

195 a) + 5; **b)** + 7; **c)** + 1; **d)** + 3; **e)** + 2; **f)** + 4; **g)** + 6.

196 a) que; **b)** qui; **c)** qui; **d)** qu'; **e)** que; **f)** qui; **g)** que; **h)** que.

197 ★★★ *Mon ami Valentin*

So gut war ich. ☺ 😐 ☹

Ergänze *qui* bzw. *que*.

Valentin ? C'est un garçon …

a) _________ j'ai rencontré à une fête.

b) _________ est bon en sport.

c) _________ j'aime beaucoup.

d) _________ tout le monde trouve drôle.

e) _________ danse très bien.

f) _________ je vois souvent.

g) _________ va au même collège que moi.

h) _________ plaît beaucoup aux filles.

198 ★★★ Alle Pronomen

So gut war ich. ☺ 😐 ☹

Füge *qui / que / qu'* bzw. *où* ein.

a) J'ai vu un sac _________ me plaît bien.

b) C'est la fille _________ il veut inviter à danser.

c) Ils cherchent quelqu'un _________ parle français.

d) C'est la région _________ je passe souvent mes vacances.

e) C'est un film _________ je voudrais voir.

f) Le restaurant _________ il travaille est dans le centre.

g) On lit un livre _________ notre prof trouve génial.

h) C'est l'appartement _________ ils cherchent depuis toujours.

197 a) que; **b)** qui; **c)** que; **d)** que; **e)** qui; **f)** que; **g)** qui; **h)** qui.
198 a) qui; **b)** qu'; **c)** qui; **d)** où; **e)** que; **f)** où; **g)** que; **h)** qu'.

So gut war ich.

199 ★★☆ Aussagen

Verbinde die passenden Satzteile.

a) J'ai rencontré les gens qui
b) On lui a volé tout l'argent qu'il
c) L'appartement qu'ils
d) J'ai acheté dix bouteilles d'un vin que
e) On dit que c'est la maison où
f) C'est un copain qui

1 est mort Léonard de Vinci.
2 ont visité, est bientôt libre.
3 ont habité ici.
4 m'a donné ton numéro.
5 avait gagné au jeu.
6 mes parents adorent.

So gut war ich.

200 ★★★ *Qu'est-ce que c'est ?*

Ergänze *qui/que/qu'* bzw. *où*.

a) C'est le dernier film ____________ nous avons vu ensemble.

b) C'est la maison ____________ il a grandi.

c) C'est une personne ____________ j'aimerais rencontrer.

d) C'est le stage ____________ tu voudrais faire pendant les vacances ?

e) C'est une île ____________ les touristes peuvent observer les oiseaux.

f) C'est le paradis des sportifs ____________ veulent faire du surf.

g) C'est un moment ____________ il n'oubliera jamais.

h) C'est un jeu ____________ ils ont préparé en classe.

i) C'est le garçon ____________ a gagné le jeu.

199 a) + 3; **b)** + 5; **c)** +2; **d)** + 6; **e)** + 1; **f)** + 4
200 a) que; **b)** où; **c)** que; **d)** que; **e)** où; **f)** qui; **g)** qu'; **h)** qu'; **i)** qui.

201 ★☆☆ *Ton petit-déjeuner*

So gut war ich. ☺ 😐 ☹

Antworte passend zu deinen Gewohnheiten. Ersetze die direkten Objekte durch *en*.
Tipp: Das Pronomen *en* ersetzt Verbindungen mit *de* wie z. B. *du lait, des BD, beaucoup de lait.*

Beispiel: Tu prends du café le matin ? *– Oui, j'en prends. / Non, je n'en prends pas.*

a) Tu mets du lait dans ton café ? ____________________

b) Tu ajoutes du sucre ? ____________________

c) Tu manges du pain et du beurre ? ____________________

d) Tu mets de la confiture sur le pain ? ____________________

e) Tu bois du jus d'orange ? ____________________

f) Tu manges du musli ? ____________________

202 ★★☆ Gewohnheiten

So gut war ich. ☺ 😐 ☹

Antworte gemäß den Angaben in Klammern. Ersetze die markierten Teile durch *en*.

Beispiel: Tu fais souvent des exercices ? *– Oui, j'en fais souvent.*

a) Tu achètes souvent des vêtements ?

– Oui, ____________________

b) Vous faites souvent des jeux en classe ?

– Oui, on ____________________

c) Tu lis souvent des livres ?

(ne … jamais) – Non, ____________________

d) Ta sœur porte souvent des robes ?

(ne … jamais) – Non, ____________________

201 a) Oui, j'en mets. / Non, je n'en mets pas. **b)** Oui, j'en ajoute. / Non, je n'en ajoute pas. **c)** Oui, j'en mange. / Non, je n'en mange pas. **d)** Oui, j'en mets. / Non, je n'en mets pas. **e)** Oui, j'en bois. / Non, je n'en bois pas. **f)** Oui, j'en mange. / Non, je n'en mange pas.
202 a) Oui, j'en achète souvent. **b)** Oui, on en fait souvent. **c)** Non, je n'en lis jamais. **d)** Non, elle n'en porte jamais.

So gut war ich. ☺ 😐 ☹

203 ★★☆ Was gibt es in deinem Viertel?

Beantworte die Fragen, indem du sie bejahst oder verneinst. Benutze dabei das Pronomen *en*.

a) Il y a des squares dans ton quartier ? ______________________

b) Il y a des magasins ? ______________________

c) Il y a des cafés ? ______________________

d) Il y a des clubs de sport ? ______________________

e) Il y a des arbres ? ______________________

f) Il y a des boulangeries ? ______________________

So gut war ich. ☺ 😐 ☹

204 ★★☆ Welche Mengen am Tag?

Verwende das Pronomen *en*. Sieh dir das Beispiel an.

Beispiel: Léa écrit beaucoup de SMS. Elle *en écrit* vingt par jour.

a) Léon boit beaucoup de café. Il ______________ dix tasses par jour.

b) Je regarde beaucoup de films. J'______________ deux par jour.

c) Cathie mange des fruits. Elle ______________ trois par jour.

d) J'ai beaucoup d'amis. J'______________ presque trente.

e) Je bois beaucoup de lait. J'______________ un litre par jour.

f) La prof donne assez de devoirs. Elle ______________ un chaque jour.

g) Tu reçois souvent des textos ? Oui, j'______________ dix par jour.

203 a) Oui, il y en a. / Non, il n'y en **a** pas. **b)** Oui, il y en **a** (beaucoup). / Non, il n'y en **a** pas. **c)** Oui, il y en **a** deux/trois, … / Non, il n'y en **a** pas. **d)** Oui, il y en a. / Non, il n'y en **a** pas. **e)** Oui, il y en a. / Non, il n'y en **a** pas. **f)** Oui, il y en a. / Non, il n'y en **a** pas.
204 a) en boit; **b)** en regarde; **c)** en mange; **d)** en ai; **e)** en bois; **f)** en donne; **g)** en reçois.

205 ★★☆ Haben sie welche oder nicht?

So gut war ich. ☺ 😐 ☹

Antworte mit *en* gemäß den Informationen in der Tabelle.

Tom	Marie	Toi	Tes copains
~~copine~~	~~vélo~~	correspondante française	rollers
ordinateur	devoir	~~portable~~	~~camping-car~~

Beispiel: Tom a une copine ? *– Non, il n'en a pas.*

a) Marie a un devoir à préparer ? ____________________

b) Tu as une correspondante française ? ____________________

c) Tes copains ont des rollers ? ____________________

d) Tu as un portable ? ____________________

e) Tom a un ordinateur ? ____________________

f) Tes parents ont un camping-car ? ____________________

g) Marie a un vélo ? ____________________

206 ★★☆ *De quoi, d'où ?*

So gut war ich. ☺ 😐 ☹

Antworte und ersetze dabei die markierten Teile durch *en*.
Tipp: Das Pronomen *en* vertritt nicht nur Mengenangaben, sondern auch Ergänzungen, die mit *de* eingeleitet werden.

a) Elles parlent souvent de cette fête ? – Oui, elles ____________________

b) Tu as envie de manger des frites ? – Non, je ____________________

c) Vous riez encore de cette histoire ? – Oui, on ____________________

d) Vous sortez de l'école à 16 h ? – Oui, on ____________________

e) Daniel revient de Paris demain ? – Oui, il ____________________

205 a) Oui, elle en a un. **b)** Oui, j'en ai une. **c)** Oui, ils en ont. **d)** Non, je n'en ai pas. **e)** Oui, il en a un.
f) Non, ils n'en ont pas. **g)** Non, elle n'en a pas.
206 a) en parlent souvent; **b)** n'en ai pas envie; **c)** en rit encore; **d)** en sort à 16 h; **e)** en revient demain.

So gut war ich.

207 ★★☆ Wovon reden sie?

Setze die Satzteile zusammen und wähle in der Liste aus, worum es sich in den Sätzen handeln könnte.

une carte – du roller – ~~un frère~~ – du sel – des frites – du coca

Beispiel: je voudrais bien / avoir / en / un / . *Je voudrais bien en avoir un: un frère.*

a) un litre / acheter / en / on peut / .

____

b) je ne / en / sais / faire / pas / .

____

c) mettre / pas / trop / en / il ne faut / .

____

d) aime / pas / en / manger / Max n' / .

____

e) en / écrire une / on doit / à maman / .

____

So gut war ich.

208 ★★★ Erzähle von dir.

Antworte mit den direkten Objektpronomen *le / la / les* bzw. mit *en*.

a) Tu fais du roller ? ____________________

b) Tu aimes les films drôles ? ____________________

c) Tu regardes le sport à la télé ? ____________________

d) Tu as un animal chez toi ? ____________________

e) Tu joues de la guitare ? ____________________

207 a) On peut en acheter un litre: du coca. **b)** Je ne sais pas en faire: du roller. **c)** Il ne faut pas en mettre trop: du sel. **d)** Max n'aime pas en manger: des frites. **e)** On doit en écrire une à maman: une carte.

208 a) Oui, j'en fais. / Non, je n'en fais pas. **b)** Oui, je les aime. / Non, je ne les aime pas. **c)** Oui, je le regarde. / Non, je ne le regarde pas. **d)** Oui, j'en ai un. / Non, je n'en ai pas. **e)** Oui, j'en joue. / Non, je n'en joue pas.

209 ★★★ Immer diese Verbote!

So gut war ich. ☺ 😐 ☹

Setze die folgenden Sätze in die Verneinung.

Beispiel: Prends-en ! *N'en prends pas !*

a) Mets-en encore ! ______________________

b) Achetez-en ! ______________________

c) Apportes-en ! ______________________

d) Ajoutez-en un ! ______________________

e) Parlons-en encore ! ______________________

f) Faites-en souvent ! ______________________

210 ★★★ Vorbereitungen für das Fest

So gut war ich. ☺ 😐 ☹

Du machst mit Daniel eine Party. Ihr werdet gefragt, was ihr schon vorbereitet habt. Antworte mit dem Pronomen *en*.

a) Vous avez préparé des jeux ? – Oui, on ______________________

b) Vous avez de la bonne musique ? – Oui, ______________________

c) Tu as fait des pizzas ? – Non, ______________________

d) Tu as acheté du pain ? – Oui, ______________________

e) Marc a parlé de son idée ? – Oui, ______________________

f) Vous avez été surpris de cette idée ? – Non, ______________________

g) Alors, vous avez envoyé des invitations ? – Oui, ______________________

h) Est-ce que vous avez eu des réponses ? – Oui, ______________________

209 a) N'en mets plus ! **b)** N'en achetez pas ! **c)** N'en apporte pas ! **d)** N'en ajoutez pas ! **e)** N'en parlons plus ! **f)** N'en faites jamais !
210 a) on en **a)** préparé; **b)** on en a; **c)** je n'en ai pas fait; **d)** j'en ai acheté; **e)** il en **a)** parlé; **f)** on n'en **a)** pas été surpris; **g)** on en **a)** envoyé; **h)** on en **a)** eu.

211 ★☆☆ Où ça ?

So gut war ich. ☺ 😐 ☹

Unterstreiche die Satzteile, die durch das Pronomen *y* ersetzt werden können.
Tipp: Das Pronomen *y* ersetzt Ortsbezeichnungen, die mit *à*, *dans*, *chez*, *en*, *sur* usw. eingeleitet werden.

a) On habite dans la maison de mes grands-parents depuis deux ans.

b) Mon père a joué dans le jardin de cette maison quand il était enfant.

c) Je peux aller à pied au collège Raynouard qui est juste à côté.

d) Ma mère travaille tous les après-midi dans un magasin de chaussures.

e) Je déjeune tous les jours à la cantine du collège avec mes copains.

f) Après l'école, je passe deux heures dans le nouvel appartement de mamie.

g) Mais hier, je suis resté chez mamie toute la soirée parce que mes parents sont sortis.

212 ★★☆ Nun die kurze Fassung davon

So gut war ich. ☺ 😐 ☹

Schreibe jetzt die Sätze des Kurztests 211 mit *y* um.

a) On y habite depuis deux ans.

b) ______________________________

c) ______________________________

d) ______________________________

e) ______________________________

f) ______________________________

g) ______________________________

211 a) dans la maison de mes grands-parents; **b)** dans le jardin de cette maison; **c)** au collège Raynouard qui est juste à côté; **d)** dans un magasin de chaussures; **e)** à la cantine du collège; **f)** dans le nouvel appartement de mamie; **g)** chez mamie.
212 b) Mon père y a joué quand il était enfant. **c)** Je peux y aller à pied. **d)** Elle y travaille tous les après-midi. **e)** J'y déjeune tous les jours avec mes copains. **f)** J'y passe deux heures. **g)** J'y suis resté toute la nuit.

213 ★☆☆ Wollt ihr dorthin gehen?

So gut war ich.

Verbinde die Fragen mit den passenden Antworten.

a) Vous êtes déjà allés au CDI ?
b) Tu connais le Canada ?
c) On retourne dans ce magasin ?
d) Les copains vont aussi à la fête ?
e) Ton frère habite déjà à Lyon ?
f) Tu es déjà arrivé à Nice ?

1 – Non, je ne veux plus y retourner. La vendeuse m'énerve.
2 – Non, ils ne peuvent pas y aller.
3 – Non, mais je voudrais y aller un jour. C'est un beau pays.
4 – Non, mais je vais y arriver dans deux minutes.
5 – Non, mais on va y passer juste après l'école.
6 – Non, mais il va y déménager en juin.

214 ★★☆ Verschiedene Orte

So gut war ich.

Beantworte die Fragen und ersetze dabei die Ortsangaben durch *y*.

a) Tu vas souvent au CDI ? – Non, ________________

b) Marc a vécu dans ce pays ? – Oui, ________________

c) Le prof est toujours dans la classe ? – Non, ________________

d) Tu es allé chez Mme Durand ? – Oui, ________________

e) Ton frère est entré au collège ? – Oui, ________________

f) Vous êtes passés chez Nico ? – Oui, ________________

g) Tu es déjà allé en Bretagne ? – Non, ________________

213 a) + 5; **b)** + 3; **c)** + 1; **d)** + 2; **e)** + 6; **f)** + 4.
214 a) je n'y vais pas souvent; **b)** il y a déjà vécu; **c)** il n'y est plus; **d)** j'y suis allé; **e)** il y est entré; **f)** on y est passés; **g)** je n'y suis jamais allé.

215 ★☆☆ *A quoi tu joues, à quoi tu penses ?*

So gut war ich. ☺ 😐 ☹

Antworte und ersetze dabei die markierten Ergänzungen durch das Pronomen *y*.
Tipp: Das Pronomen *y* ersetzt sowohl Ortsangaben als auch Ergänzungen (aber keine Personen), die durch die Präposition *à* eingeleitet werden.

a) Tu penses souvent à tes vacances ? – Oui, ____________________

b) Tu joues souvent à Abyss avec tes copains ? – Oui, ____________________

c) Carole répond à l'invitation ? – Oui, ____________________

d) Bruno réfléchit à la question ? – Oui, ____________________

e) Ta classe participe au stage vidéo ? – Oui, ____________________

f) Vous assistez au concert de Placebo ? – Oui, ____________________

216 ★★☆ Und nun ist es vorbei

So gut war ich. ☺ 😐 ☹

Setze die Antworten aus dem Kurztest 215 ins *Passé composé*.

a) ____________________

b) ____________________

c) ____________________

d) ____________________

e) ____________________

f) ____________________

215 a) j'y pense souvent; **b)** j'y joue souvent; **c)** elle y répond; **d)** il y réfléchit; **e)** elle y participe; **f)** on y assiste.
216 Oui, … **a)** j'y ai souvent pensé. **b)** j'y ai souvent joué. **c)** elle y **a)** répondu. **d)** il y **a)** réfléchi. **e)** elle y **a)** participé. **f)** on y **a)** assisté.

217 ★★☆ Denke nicht mehr daran!

So gut war ich. ☺ 😐 ☹

Bringe die Satzteile in die richtige Reihenfolge.

a) A sa mauvaise note ? ne / plus / veut / Chloé / penser / y / .

___

b) Au cours de SVT ? assisté / a / y / pas /Max / n' / .

___

c) Au volley ? n' / Adrien / aime / y / pas / jouer / .

___

d) Au devoir de maths ? ai / pas / je / n' / pensé / y / .

___

e) Au gymnase ? on / y / ne / retourner / pas / veut / .

___

f) A ta dispute avec Lucie ? penser / ne / tu / plus / dois / y / .

___

g) A la cantine ? je / aujourd'hui / pas / mangé / ai / y / n' / .

___

218 ★★★ *y* oder *en?*

So gut war ich. ☺ 😐 ☹

Antworte und benutze die Pronomen *y* oder *en*.

a) Ton frère croit encore au Père Noël ? – Oui, ___

b) Tu as besoin de ton portable ? – Oui, ___

c) Tu es content de tes notes ? – Oui, ___

d) Tu as envie de faire un jeu ? – Oui, ___

e) Benjamin a répondu à ton texto ? – Oui, ___

217 a) Chloé ne veut plus y penser. **b)** Max n'y **a)** pas assisté. **c)** Adrien n'aime pas y jouer. **d)** Je n'y ai pas pensé. **e)** On ne veut pas y retourner. **f)** Tu ne dois plus y penser. **g)** Je n'y ai pas mangé aujourd'hui.

218 a) il y croit encore; **b)** j'en ai besoin; **c)** j'en suis content; **d)** j'en ai envie; **e)** il y **a)** répondu.

219 ★☆☆ Deren und dessen

So gut war ich.

Verbinde die passenden Satzteile miteinander.

a) La fille	**1** dont j'ai besoin pour l'appeler.
b) Le film	**2** dont les jeunes ont envie sont souvent chères.
c) Je ne trouve plus le numéro	**3** dont il est amoureux habite loin.
d) La chanson	**4** dont ils sont propriétaires est à Toulouse.
e) Les choses	**5** dont tu parles est avec Johnny Depp.
f) La maison	**6** dont il est question est du groupe Noir Désir.

220 ★★☆ Zusammen

So gut war ich.

Mache jeweils aus den zwei Sätzen einen Satz. Benutze dabei *dont*.

Beispiel: C'est une histoire. On ne connaît pas la fin de cette histoire.

C'est une histoire dont on ne connaît pas la fin.

a) Ce sont des sujets. On en parle en classe.

____

b) C'est une note. Elle est très contente de cette note.

____

c) Nathan est un élève. Les parents de Nathan travaillent dans un cirque.

____

d) Il est amoureux d'une fille. Son nom est Amanda.

____

219 a) + 3; **b)** + 5; **c)** + 1; **d)** + 6; **e)** + 2; **f)** + 4.

220 a) Ce sont des sujets dont on parle en classe. **b)** C'est une note dont elle est très contente. **c)** C'est un élève dont les parents travaillent dans un cirque. **d)** Il est amoureux d'une fille dont le nom est Amanda.

So gut war ich.

221 ★★★ Alles über mich

Übersetze die folgenden Satzanfänge ins Französische. Benutze dabei *dont*.

a) Das Mädchen, in das ich verliebt bin, …

____

b) Die Sachen, die ich brauche, …

____

c) Die Ferien, von denen ich träume, …

____

d) Die Tiere, vor denen ich Angst habe, …

____

e) Die Schauspielerin, nach der ich verrückt bin, …

____

So gut war ich.

222 ★★★ *Souvenirs*

Ergänze *qui/que/dont*.

C'est une chose …

a) __________ je n'oublierai jamais.

b) __________ je garde un bon souvenir.

c) __________ s'est passée à l'étranger.

d) __________ je rêve encore.

e) __________ personne ne sait.

f) __________ je voudrais encore revivre.

g) __________ n'arrive qu'une fois dans la vie !

221 a) La fille dont je suis amoureux. **b.** Les choses dont j'ai besoin. **c)** Les vacances dont je rêve. **d)** Les animaux dont j'ai peur. **e)** L'actrice dont je suis fou / folle.

222 a) que; **b)** dont; **c)** qui; **d)** dont; **e)** que; **f)** que; **g)** qui.

223 ★★☆ Es geht Samuel nicht gut

So gut war ich. ☺ 😐 ☹

Ergänze *ce qui / ce que* bzw. *ce qu'*.

a) Samuel est malade, ______________ explique son absence en classe.

b) On ne sait pas ______________ il a exactement.

c) Sa mère fait tout ______________ elle peut pour l'aider.

d) Mais Samuel ne veut pas lui dire ______________ est arrivé.

e) Moi, je sais ______________ ne va pas: il a des problèmes au collège.

f) Et ______________ lui fait peur, c'est de le dire à ses parents.

g) A mon avis, ______________ il souhaite le plus, c'est d'arrêter l'école.

224 ★★★ Klassenfahrt nach Frankreich

So gut war ich. ☺ 😐 ☹

Mache aus den direkten Fragen indirekte Fragen mit *ce qui / ce que* und passe die Objektpronomen an.

Mme Fritz demande aux élèves:	**Elle veut savoir …**
Beispiel: Qu'est-ce qui vous plaît le plus ici ?	*ce qui leur plaît le plus.*
a) Qu'est-ce qui vous intéresse ?	______________
b) Qu'est-ce que vous voulez voir ?	______________
c) Qu'est-ce que vous voulez manger ?	______________
d) Qu'est-ce qui s'est passé cette nuit ?	______________
e) Qu'est-ce que vous avez fait ?	______________
f) Qu'est-ce qui a fait ce bruit ?	______________
g) Qu'est-ce que vous avez cassé ?	______________

223 a) ce qui; **b)** ce qu'; **c)** ce qu'; **d)** ce qui; **e)** ce qui; **f)** ce qui; **g)** ce qu'.
224 a) ce qui les intéresse. **b)** ce qu'ils veulent voir. **c)** ce qu'ils veulent manger. **d)** ce qui s'est passé. **e)** ce qu'ils ont fait. **f)** ce qui **a)** fait ce bruit. **g)** ce qu'ils ont cassé.

So gut war ich.

225 ★★☆ Die Schüler rufen zu Hause an

Ergänze in den Minigesprächen *ce qui / ce que* bzw. *ce qu'*.

1. Allô ? Maman ? C'est Nico.

– Nico ? Parle plus fort. Je ne comprends pas **(a)** ______________ tu dis.

– Tu sais **(b)** ______________ ai oublié ? Mon porte-monnaie ! Je ne sais pas

(c) ______________ je vais faire sans argent !

2. Allô ? Maman ? C'est Julie.

– Bonjour, ma chérie. Ça va bien ?

– Oui, super ! J'ai une grande chambre avec les copines, **(d)** ______________ est très

pratique. Mais **(e)** ______________ m'énerve, c'est que Léa parle beaucoup !

– Qu'est-ce que vous avez fait ?

– On a visité Dijon et Mme Fritz nous a montré **(f)** ______________ est typique ici.

Et dans un magasin, j'ai trouvé **(g)** ______________ je cherchais pour toi …

So gut war ich.

226 ★★☆ Was du willst

Kreuze die richtige Form an.

a) Diane fait toujours	◯ ce qui lui plaît.	◯ ce que lui plaît.
b) Elle ne veut pas dire	◯ ce que s'est passé.	◯ ce qui s'est passé.
c) Raconte-moi	◯ ce que vous avez fait.	◯ ce qui vous avez fait.
d) Elle me demande	◯ ce qui m'intéresse.	◯ ce que m'intéresse.
e) Montre-moi	◯ ce qui tu as acheté.	◯ ce que tu as acheté.
f) Tu sais	◯ ce qui aime ?	◯ ce qu'elle aime ?
g) Laurent est un charmeur. Il sait	◯ ce qui plaît aux filles !	◯ ce que plaît aux filles !

225 a) ce que; **b)** ce que; **c)** ce que; **d)** ce qui; **e)** ce qui; **f)** ce qui; **g)** ce que.
226 a) ce qui; **b)** ce qui; **c)** ce que; **d)** ce qui; **e)** ce que; **f)** ce qu'elle; **g)** ce qui.

227 ★★☆ *Je ne sais pas …*

So gut war ich.

Ergänze *ce qui / ce que* bzw. *ce qu'*.

Je ne sais pas …

a) _______________ je vais faire après l'école.

b) _______________ est cassé dans mon ordinateur.

c) _______________ mes parents ont décidé de faire cet été.

d) _______________ est arrivé à Myriam.

e) _______________ il faut faire.

f) _______________ j'ai aujourd'hui: je suis très fatiguée !

g) _______________ est le plus intéressant pour moi.

h) _______________ ma mère a préparé à manger.

i) _______________ il y a dans ce sac.

228 ★★★ Wie sagst du das?

So gut war ich.

Übersetze die Satzteile, die in Klammern stehen.

a) J'ai oublié (was ich sagen wollte). _______________

b) Dis-moi (was los ist). _______________

c) Je ne sais pas (was besser ist). _______________

d) Tu ne dois pas lui dire (was ich dir erzählt habe) ! _______________

____

e) Théo ne répond pas, (was komisch ist.) _______________

f) Je me demande (was ich ihr schenken kann). _______________

____

227 a) ce que; **b)** ce qui; **c)** ce que; **d)** ce qui; **e)** ce qu'; **f)** ce que; **g)** ce qui; **h)** ce que; **i)** ce qu'

228 a) ce que je voulais dire. **b)** ce qu'il y a. / ce qui se passe. **c)** ce qui est mieux. **d)** ce que je t'ai raconté. **e)** ce qui est bizarre / drôle. **f)** ce que je peux lui offrir.

So gut war ich.

229 ★☆☆ Angaben über mich

Dein französischer Brieffreund besucht dich. Du zeigst ihm, was in deinem Leben eine Rolle spielt.
Füge die richtige Form von *lequel* ein.

Voici …

a) la maison dans ______________________ j'habite.

b) les rues dans ______________________ j'aime me promener.

c) le club dans ______________________ je fais du sport.

d) les appareils avec ______________________ je m'entraîne.

e) le livre avec ______________________ j'apprends le français.

f) les films dans ______________________ mon acteur préféré joue.

g) le mur sur ______________________ les élèves ont écrit leurs noms.

h) le site Internet sur ______________________ je joue souvent.

So gut war ich.

230 ★★☆ *A quoi?*

Füge die kombinierten Formen von *à* + *lequel* ein.

a) Le jeu ______________________ nous avons joué chez Sophie, …

b) Les concerts ______________________ on a assisté, …

c) Les fêtes ______________________ je suis allée, …

d) Le stage ______________________ je veux participer, …

e) L'annonce ______________________ j'ai répondu, …

f) L'association ______________________ mes parents envoient de l'argent, …

g) Les choses ______________________ mes copains ne pensent pas, …

229 a) laquelle; **b)** lesquelles; **c)** lequel; **d)** lesquels; **e)** lequel; **f)** lesquels; **g)** lequel; **h)** lequel.

230 a) auquel; **b)** auxquels; **c)** auxquelles; **d)** auquel; **e)** à laquelle; **f)** à laquelle; **g)** auxquelles.

231 ★★☆ Weißt du noch?

So gut war ich.

Füge die kombinierten Formen von *de* + *lequel* ein.

a) La maison à côté ______________________ on a habité …

b) Les phrases à l'aide ______________________ j'ai compris le texte …

c) La table à côté ______________________ j'étais assise …

d) Les bureaux près ______________________ on construit un parking …

e) Le magasin en face ______________________ il y a la pharmacie …

f) La plage au bord ______________________ j'ai appris à nager …

g) Le film à la fin ______________________ j'ai pleuré …

232 ★★★ *Lequel* oder *qui?*

So gut war ich.

Übersetze.

Tipp: Wenn das Pronomen für eine Person steht, muss *qui* statt *lequel* nach der Präposition stehen.

a) Die Sachen, mit denen ich spiele, …

____

b) Die Freunde, mit denen ich heute ausgehe, …

____

c) Der Mann, neben dem ich gereist bin, …

____

d) Die Schule, in der meine Mutter arbeitet, …

____

e) Die Geschichten, an die ich noch denke, …

____

231 a) de laquelle; **b)** desquelles; **c)** de laquelle; **d)** desquels; **e)** duquel; **f)** de laquelle; **g)** duquel.

232 a) Les choses avec lesquelles je joue; **b)** Les copains avec qui je sors aujourd'hui; **c)** L'homme à côté de qui j'ai voyagé; **d)** L'école dans laquelle ma mère travaille; **e)** Les histoires auxquelles je pense encore.

233 ★☆☆ Nicht zweimal das gleiche Wort sagen!

So gut war ich. ☺ 😐 ☹

Ergänze die passende Form des Demonstrativpronomens *celui*.

C'est … / Ce sont …

Beispiel: ton livre ? – Non, c'est *celui* de Lola.

a) ta chambre ? – Non, c'est ______________ de ma sœur.

b) ton copain ? – Non, c'est ______________ de Nadine.

c) ton t-shirt ? – Non, c'est ______________ de ma copine.

d) tes photos ? – Non, ce sont ______________ de Julien.

e) tes gâteaux ? – Non, ce sont ______________ de Maxime.

f) le bon métro ? – Non, c'est ______________ qui va à Châtelet.

g) tes parents ? – Non, ce sont ______________ de Lola.

234 ★★☆ *Oui, mais …*

So gut war ich. ☺ 😐 ☹

Ergänze die richtige Form des Demonstrativpronomens.

a) Ta robe est belle ! – Oui, mais ______________ de Christine est mieux !

b) Ces crêpes sont délicieuses ! – Oui, mais ______________ de Marie sont meilleures.

c) Ce concert est cher ! – Oui, mais ______________ des Nice & Forts est encore plus cher !

d) Leurs textes sont super ! – Oui, mais ______________ de Pinko sont mieux !

e) Cette histoire est drôle ! – Oui, mais ______________ de Luc m'amuse plus.

f) Ce problème est sérieux. – Oui, mais ______________ de Sam est plus terrible.

g) Ses messages sont sympas ! – Oui, mais ______________ de Max le sont encore plus !

233 a) celle; **b)** celui; **c)** celui; **d)** celles; **e)** ceux; **f)** celui; **g)** ceux.
234 a) celle; **b)** celles; **c)** celui; **d)** ceux; **e)** celle; **f)** celui; **g)** ceux.

235 ★★☆ Die da?

So gut war ich.

Ergänze die richtigen Demonstrativpronomen.

a) Quelles assiettes je prends ? – ______________ de droite, sur l'étagère.

b) Tu connais la boutique Maxi ? – C'est ______________ près de la gare ?

c) Tu veux voir mes photos ? – Ce sont ______________ de tes vacances ?

d) Je ne mets plus ces vêtements, alors prends ______________ que tu veux.

e) C'est ton nouveau portable ? – Non, c'est ______________ de ma mère.

f) Ce jean est beau mais ______________ de Clara me plaît mieux.

g) Les moments les plus chouettes sont ______________ où je suis avec toi !

236 ★★★ Gemischter Test

So gut war ich.

Füge das passende Demonstrativpronomen + *qui / que / où / dont* ein.

Beispiel: Tu connais cette fille ? – Laquelle ? *Celle qui* porte un pull noir ?

a) Ces places sont pour ______________________ ont déjà réservé.

b) Je me souviens de cet hôtel ! C'est ______________________ on a dormi à Dijon.

c) Tu vois le garçon là-bas ? C'est ______________________ je t'ai parlé hier.

d) Les meilleures chansons sont ______________________ Jérémie chante.

e) Cette fête est plus intéressante que ______________________ je suis invité.

f) Prends ce pantalon. C'est ______________________ je ne mets plus.

g) Ces livres sont ______________________ on lit en classe.

236 a) ceux qui / celles qui; **b)** celui où; **c)** celui dont; **d)** celles que; **e)** celle où; **f)** celui que; **g)** ceux qu'.
235 a) celles; **b)** celle; **c)** celles; **d)** ceux; **e)** celui; **f)** celui; **g)** ceux.

So gut war ich.

237 ★☆☆ Von *je* bis *elles*

Notiere, welche Subjektpronomen vor dem Verb stehen können.
Tipp: Manchmal sind mehrere Subjektpronomen möglich.

a) ______________________ regarde un film.

b) ______________________ cherchent Manon.

c) ______________________ dessinez très bien !

d) ______________________ respectons la nature.

e) ______________________ demandes à maman ?

f) ______________________ quitte Paris.

So gut war ich.

238 ★☆☆ Wollen wir uns duzen?

Herr Beckmann aus Berlin ist neu in Paris. Ein Nachbar stellt ihm viele Fragen. Stell dir vor, die beiden duzen sich. Wie lauten dann die Fragen?

a) Vous habitez dans le quartier ?

____

b) Vous aimez la ville ?

____

c) Vous travaillez où ?

____

d) Vous parlez bien français ?

____

e) Vous cherchez un club de sport ?

____

f) Vous trouvez les Français sympas ?

____

237 a) je / il / elle / on; **b)** ils / elles; **c)** vous; **d)** nous; **e)** tu; **f)** je / il / elle / on.

238 a) Tu habites; **b)** Tu aimes; **c)** Tu travailles; **d)** Tu parles; **e)** Tu cherches; **f)** Tu trouves.

239 ★☆☆ Der Plural

So gut war ich.

Bilde die Pluralform der Verben. Mache rechts ein Kreuz, wenn das *s* des Subjektpronomens ausgesprochen wird *(la liaison)*.

Beispiel: Il aime le sport. Ils *aiment le sport.* ⊗

a) Elle continue de jouer. Elles ______ ○

b) Il tourne à droite. Ils ______ ○

c) Elle demande l'heure. Elles ______ ○

d) Il accompagne les enfants. Ils ______ ○

e) Il aide tout le monde. Ils ______ ○

f) Elle habite rue Dumas. Elles ______ ○

g) Il entre dans la cour. Ils ______ ○

h) Elle cherche une solution. Elles ______ ○

240 ★☆☆ Handygespräch

So gut war ich.

Setze die Verben in die passende Präsensform.

a) Les élèves de Mme Fritz ______ le musée. — visiter

b) Nadine ______ les élèves. — regarder

c) Ils ______ bien leur prof. — écouter

d) Mais une élève ______ à une copine. — téléphoner

e) Elle dit: «Tu ______ sur l'ordinateur ? — jouer

f) Je ______ mon casque. Il est chez toi ? — chercher

g) Bon, alors, je ______ chez toi après la visite. — passer

h) Et on ______ ensemble, d'accord ?» — jouer

239 a) Elles continuent; **b)** Ils tournent; **c)** Elles demandent; **d)** Ils accompagnent (x); **e)** Ils aident (x); **f)** Elles habitent (x); **g)** Ils entrent (x); **h)** Elles cherchent.

240 a) visitent; **b)** regarde; **c)** écoutent; **d)** téléphone; **e)** joues; **f)** cherche; **g)** passe; **h)** joue.

So gut war ich. ☺ 😐 ☹

241 ★★☆ Das liebe Geld!

Setze die Verben *acheter* und *payer* in die passende Präsensform.

a) Qu'est-ce que tu ______________ à ta mère ?	acheter
b) Je lui ______________ des fleurs.	acheter
c) Tu ______________ combien pour la cantine ?	payer
d) Moi, je ne ______________ rien !	payer
e) C'est mon père qui ______________ tout.	payer
f) Il ______________ ses livres à la librairie.	acheter
g) Vous ______________ avec la carte ?	payer
h) Ils ______________ beaucoup pour ce concert.	payer
i) Elles ______________ des cadeaux.	acheter

So gut war ich. ☺ 😐 ☹

242 ★★☆ Klein aber wichtig: die Akzente

Ergänze bei den Verben *préférer* und *répéter* die fehlenden Akzente.

a) Je repete ma question.

b) Tu preferes venir ce soir ou demain ?

c) Qu'est-ce que vous preferez comme dessert ?

d) Ma mère repete toujours les mêmes choses !

e) Ils preferent attendre ici.

f) Nous repetons la phrase.

g) Je prefere faire un jeu.

h) On repete notre chanson.

241 a) achètes; **b)** achète; **c)** paies / payes; **d)** ne paie / paye rien; **e)** paie / paye; **f)** achète; **g)** payez; **h)** paient / payent; **i)** achètent.
242 a) je répète; **b)** tu préfères, **c)** vous préférez; **d)** elle répète; **e)** ils préfèrent; **f)** nous répétons; **g)** je préfère; **h)** on répète.

243 ★☆☆ Carlas Tagebuch

So gut war ich. ☺ 😐 ☹

Setze die Verben in die 1. Person Plural Präsens.

Ma famille et moi, …

a) nous __________ de ville. — changer

b) nous __________ à Toulouse. — déménager

c) Nous partons demain. Nous __________ en train. — voyager

Maintenant, ma sœur et moi,

d) nous __________ la même chambre. — partager

e) Nous __________ notre chambre pour faire des photos. — ranger

f) Nous ne __________ pas pour la photo. — bouger

g) Puis, nous __________ dans notre piscine. — nager

h) Après, nous avons faim et nous __________ une pizza. — manger

244 ★★☆ *appeler* und *s'appeler*

So gut war ich. ☺ 😐 ☹

Setze die Verben *appeler* und *s'appeler* ins Präsens. Ergänze die richtige Endung.

a) Tu appe__________ Laurent ?

b) Elle s'appe__________ comment, ta sœur ?

c) Arrêtez ou j'appe__________ la police !

d) Ils appe__________ leurs copains tous les jours.

e) Vous vous appe__________ comment ?

f) Nous appe__________ pour l'annonce.

g) Manon app__________ sa mère.

---

243 a) changeons; **b)** déménageons; **c)** voyageons; **d)** partageons; **e)** rangeons; **f)** bougeons; **g)** nageons; **h)** mangeons.

244 a) appelles; **b)** appelle; **c)** appelle; **d)** appellent; **e)** appelez; **f)** appelons; **g)** appelle.

So gut war ich. ☺ 😐 ☹

245 ★☆☆ Frère Jacques, dormez-vous ?

Ergänze die passende Präsens-Form der angegebenen Verben.

a) Qu'est-ce que tu fais, ce soir ? Tu ____________ ?	sortir
b) Mes copains ____________ en vacances.	partir
c) A midi, les élèves ____________ dans la cour.	sortir
d) Je ____________ bien dans ce lit.	dormir
e) Depuis quand est-ce qu'il ____________ avec elle ?	sortir
f) Ne fais pas de bruit ! Mes parents ____________.	dormir
g) Vous ____________ à quelle heure demain ?	partir
h) Vite ! Le train ____________ dans deux minutes.	partir

So gut war ich. ☺ 😐 ☹

246 ★★☆ dormir, partir, sortir

Setze die Verben *dormir / partir* bzw. *sortir* ins Präsens.

a) Mon frère travaille beaucoup alors il ____________ très peu le soir.

b) Est-ce que vous ____________ bien dans votre nouvelle chambre ?

c) Je l'attends depuis une demi-heure ! Je ____________ maintenant !

d) Demain, mes parents ____________ : ils vont au théâtre.

e) Alors je fais une fête et tu ____________ chez moi, d'accord ?

f) Emma quitte Paris. Elle ____________ à Toulouse.

g) A quelle heure est-ce que vous ____________ de la maison ?

h) Chut ! Caro ____________ encore. Elle est très fatiguée.

245 a) sors; **b)** partent; **c)** sortent; **d)** dors; **e)** sort; **f)** dorment; **g)** partez; **h)** part.

246 a) sort; **b)** dormez; **c)** pars; **d)** sortent; **e)** dors; **f)** part; **g)** sortez / partez; **h)** dort.

247 ★★☆ *Découverte*

So gut war ich. ☺ 😐 ☹

Ergänze die passenden Präsens-Formen der Verben *offrir*, *ouvrir* und *découvrir*.
Tipp: *offrir* (anbieten/schenken) und *découvrir* (entdecken) werden wie *ouvrir* konjugiert.

a) Tu m'________________ la porte, s'il te plaît ?	ouvrir
b) Dans cette vidéo, on ________________ la vie de notre star.	découvrir
c) Qu'est-ce que tu ________________ à Manon pour son anniversaire ?	offrir
d) Lola n'________________ jamais ses livres.	ouvrir
e) Tu ________________ souvent des virus sur ton ordinateur ?	découvrir
f) Ses parents lui ________________ des rollers.	offrir
g) Les magasins ________________ à quelle heure ?	ouvrir
h) Avec ce prof, je ________________ le plaisir d'apprendre !	découvrir
i) Nous ________________ un bracelet connecté à Christian.	offrir

248 ★★★ Was kann ich euch anbieten?

So gut war ich. ☺ 😐 ☹

Übersetze.

a) Ich fahre in Urlaub.

____

b) Adrien geht oft aus und schläft nicht genug.

____

c) Öffnest du dein Geschenk?

____

d) Wir gehen mit Lola aus.

____

e) Ich schlafe bei Amélie.

____

247 a) ouvres; **b)** découvre; **c)** offres; **d)** ouvre; **e)** découvres; **f)** offrent; **g)** ouvrent; **h)** découvre; **i)** offrons.
248 a) Je pars en vacances. **b)** A. sort souvent et ne dort pas assez. **c)** Tu ouvres ton cadeau ? **d)** Nous sortons avec L. **e)** Je dors chez A.

So gut war ich.

249 ★☆☆ Es klingelt.

Der folgende Text soll im Präsens stehen. Füge die richtigen Endungen der Verben ein.

a) Ça sonne ! Tu répon___________ ?

b) Allô ? Allô ? Je t'enten___________ très mal !

c) Qu'est-ce que tu fais ? Je t'atten___________ depuis une heure !

d) Laurent et David atten___________ des amis à la gare.

e) Quoi ! Vous ven___________ votre maison ?

f) Bon, vous m'atten___________ ici, d'accord ?

g) Manon est une bonne élève. Elle répon___________ toujours la première.

h) Vous enten___________ cette musique ?

i) Je ven___________ tous mes jeux vidéo.

So gut war ich.

250 ★★☆ *attendre, entendre, répondre, vendre*

Setze die angegebenen Verben ins Präsens.

a) Vous êtes où ? On vous ___________________________ à l'entrée.	attendre
b) Les Bajot ___________________________ leur appartement.	vendre
c) Tu me ___________________________ ta guitare ?	vendre
d) Je reçois beaucoup de messages, mais je ___________________________ à tous.	ne pas répondre
e) J'___________________________ un coup de téléphone de Louis.	attendre
f) Pourquoi vous ___________________________ à mon message ?	ne pas répondre
g) Mon grand-père ___________________________ mal.	entendre

249 a) réponds; **b)** entends; **c)** attends; **d)** attendent; **e)** vendez; **f)** attendez; **g)** répond; **h)** entendez; **i)** vends.

250 a) attend; **b)** vendent; **c)** vends; **d)** ne réponds pas; **e)** attends; **f)** ne répondez pas; **g)** entend.

251 ★☆☆ *pouvoir, savoir, vouloir*

So gut war ich. ☺ 😐 ☹

Setze die angegebenen Verben ins Präsens.

a) Tu ______________ m'aider ?	pouvoir
b) Aline ______________________ mettre cette robe.	ne pas vouloir
c) Tu ______________ son nom ?	savoir
d) On ______________ aller au cinéma.	vouloir
e) Tu ______________ un peu de gâteau ?	vouloir
f) – Oui, je ______________ bien.	vouloir
g) Vous ______________ dormir ici si vous ______________.	pouvoir – vouloir
h) On ______________________ comment faire.	ne pas savoir
i) Caro et Julie ______________________ voir ce film.	vouloir
j) Ma mère ______________________ comprendre ça.	ne pas pouvoir

252 ★★☆ *pouvoir* oder *vouloir?*

So gut war ich. ☺ 😐 ☹

Ergänze die passenden Präsens-Formen der Verben *pouvoir* bzw. *vouloir*.

a) On ne ____________________ pas entrer: c'est fermé aujourd'hui.

b) Tous les élèves sont là, alors nous ____________________ commencer.

c) Mes parents ____________________ qu'on dîne ensemble.

d) Est-ce que vous ____________________ un coca ?

e) Qu'est-ce que tu ____________________ faire ce week-end ? Aller au ciné ?

f) Le directeur est d'accord: les élèves ____________________ visiter les studios.

g) Nous ____________________ prendre un dictionnaire pour le test ?

h) Est-ce que je ____________________ poser une question ?

251 a) peux; **b)** ne veut pas; **c)** sais; **d)** veut; **e)** veux; **f)** veux; **g)** pouvez; voulez; **h)** ne sait pas; **i)** veulent; **j)** ne peut pas.

252 a) peut; **b)** pouvons; **c)** veulent; **d)** voulez; **e)** veux; **f)** peuvent; **g)** pouvons; **h)** peux.

So gut war ich.

253 ★★☆ Man kann nicht alles wissen.

Bringe die Satzteile in die richtige Reihenfolge.

a) plus / Antony / les trouver / ne / peut / .

___

b) veux / je / pas / ne / la voir / .

___

c) le faire / les garçons / jamais / veulent / ne / .

___

d) pas / ne / l'expliquer / je / sais / .

___

e) ne / vous / pas / les prendre / pouvez / .

___

So gut war ich.

254 ★★★ Kannst du das?

Übersetze je nach Bedeutung mit *pouvoir* oder *savoir*.

a) Könnt ihr gut zeichnen?

___

b) Marie kann uns nicht helfen.

___

c) Du kannst hier auf mich warten.

___

d) Ich kann Französisch sprechen.

___

253 a) Antony ne peut plus les trouver. **b)** Je ne veux pas la voir. **c)** Les garçons ne veulent jamais le faire. **d)** Je ne sais pas l'expliquer. **e)** Vous ne pouvez pas les prendre.
254 a) Vous savez bien dessiner ? **b)** M. ne peut pas nous aider. **c)** Tu peux m'attendre ici. **d)** Je sais parler français.

255 ★☆☆ Welches Verb passt?

So gut war ich. ☺ 😐 ☹

In den folgenden Sätzen fehlen die Verben *avoir, être* und *faire*. Entscheide, welches Verb passt und setze es ins Präsens.

a) Manon ________________ bien attention.

b) Il ________________ chaud aujourd'hui !

c) Je ________________ contente de te voir !

d) Quoi ! Vous ________________ déjà à la maison ?

e) Les élèves ________________ les devoirs en classe.

f) Vous ________________ envie de jouer ?

g) Maman, on ________________ faim !

h) Les Bajot ________________ français.

i) Tu n' ________________ peur de rien !

256 ★☆☆ *aller* und *venir*

So gut war ich. ☺ 😐 ☹

Setze die Verben *aller* und *venir* ins Präsens.

a) Je ________________ en ville. Tu ________________ avec moi ?	aller – venir
b) Nous ________________ à la fête.	aller
Vous ________________ avec nous ?	venir
c) Max ________________ au collège.	aller
Et toi, tu ________________ encore à l'école ?	aller
d) Nos amis ________________ en train.	venir
On ________________ à la gare.	aller
e) Mes copains ________________ souvent au cinéma.	aller
f) Je ________________ à cinq heures, d'accord ?	venir

255 a) fait; **b)** fait; **c)** suis; **d)** êtes; **e)** font; **f)** avez; **g)** a; **h)** sont; **i)** as.

256 a) vais, viens; **b)** allons, venez; **c)** va; vas; **d)** viennent, va; **e)** vont; **f)** viens.

So gut war ich. ☺ 😐 ☹

257 ★☆☆ *dire, écrire, lire*

Setze die Verben *dire, écrire* und *lire* ins Präsens.

a) Jéremie, tu ______ encore des chansons ?	écrire
b) On ______ que les jeunes	dire
______ beaucoup sur les blogs.	écrire
c) Vous ______ souvent la même chose !	dire
d) Qu'est-ce que tu ______ de mon idée ?	dire
– Je ______ qu'elle est géniale !	dire
e) Elle ______ une carte à ses parents.	écrire
f) Tu ______ beaucoup ?	lire
– Non, je ______ très peu.	lire
g) Qu'est-ce qu'il faut faire ? – Eh bien, vous ______ le texte	lire
et vous ______ les mots nouveaux dans votre cahier.	écrire

So gut war ich. ☺ 😐 ☹

258 ★★☆ *prendre* und *boire*

***Prendre* wird oft anstelle von *boire* benutzt. Konjugiere die Verben im Präsens.**

prendre	boire
a) Je ______ un café.	Je ______ un café.
b) Tu ______ un coca ?	Tu ______ un coca ?
c) On ______ un verre d'eau.	On ______ un verre d'eau.
d) Nous ______ un chocolat.	Nous ______ un chocolat.
e) Vous ______ quelque chose ?	Vous ______ quelque chose ?
f) Elles ______ un peu de lait.	Elles ______ un peu de lait.

258 a) prends, bois; **b)** prends, bois; **c)** prend, boit; **d)** prenons, buvons; **e)** prenez, buvez; **f)** prennent, boivent.

257 a) écris; **b)** dit, écrivent; **c)** dites; **d)** dis, dis; **e)** écrit; **f)** lis, lis; **g)** lisez, écrivez.

259 ★☆☆ Das Verb *mettre*

So gut war ich. ☺ 😐 ☹

Kreuze jeweils die richtige Präsens-Form des Verbs *mettre* an.

a) Tu	◯ mettez	◯ met	◯ mets	un pantalon ?
b) Non, je	◯ met	◯ mettre	◯ mets	une robe.
c) Vous	◯ mettez	◯ mets	◯ mettons	ça à la poubelle.
d) Il	◯ met	◯ mets	◯ mettre	une heure pour venir !
e) Elles	◯ mettre	◯ met	◯ mettent	la table.
f) Nous	◯ mettez	◯ mettent	◯ mettons	nos rollers.

260 ★★☆ Ein vielseitiges Verb

So gut war ich. ☺ 😐 ☹

Übersetze. Benutze dabei das Verb *mettre*.

a) Wir decken den Tisch. ____________________

b) Ich stecke dein Foto in meinen Geldbeutel.

____

c) Er braucht eine Stunde, um hierher zu kommen.

____

d) Die Schüler setzen ihre Namen auf die Liste.

____

e) Sie gibt etwas Butter hinzu. ____________________

f) Ziehst du eine Hose oder ein Kleid an?

____

g) Wohin stellt ihr die Fahrräder? ____________________

259 a) Tu mets; **b)** je mets; **c)** Vous mettez; **d)** Il met; **e)** Elles mettent; **f)** Nous mettons.
260 a) Nous mettons / On met la table. **b)** Je mets ta photo dans mon porte-monnaie. **c)** Il met une heure pour venir ici. **d)** Les élèves mettent leur nom sur la liste. **e)** Elle met un peu de beurre. **f)** Tu mets un pantalon ou une robe ? **g)** Où est-ce que vous mettez les vélos ?

So gut war ich.

261 ★☆☆ Das Verb *voir*

Setze das Verb *voir* ins Präsens.

a) Vous ______________: ce n'est pas difficile !

b) Tu ______________ la voiture rouge ?

c) Ses parents ne ______________ pas ses problèmes.

d) On ______________ ça chaque jour.

e) Je ne ______________ plus Alex.

f) Nous ______________ nos grands-parents à Noël.

g) Notre prof sait tout et elle ______________ tout !

So gut war ich.

262 ★★☆ Gemischter Test

Ergänze die folgenden Verben an der richtigen Stelle.

écris – dit – font – bois – met – savez – partez – prennent – vais – venez

a) Tu ne ______________________ pas assez d'eau.

b) Elle ______________________ tout à sa mère.

c) Vous ______________________ ici comment ?

d) Ils ______________________ le bus n° 27.

e) Elle ______________________ un pull chaud.

f) Je n'______________________ plus de lettres.

g) Emma et Manon ______________________ leurs devoirs ensemble.

h) Vous ______________________ où habite Fabien ?

i) Je ______________________ chez mamie.

j) Alors, vous ______________________ à quelle heure ?

261 a) voyez; **b)** vois; **c)** voient; **d)** voit; **e)** vois; **f)** voyons; **g)** voit.

262 a) bois; **b)** dit; **c)** venez; **d)** prennent; **e)** met; **f)** écris; **g)** font; **h)** savez; **i)** vais; **j)** partez.

263 ★☆☆ Meine Mutter sagt oft …

So gut war ich.

Setze die Verben in die 2. Person Singular der Imperativ-Form.

Ma mère me dit souvent:

a) ____________ tes devoirs !	faire
b) ____________ la table !	mettre
c) ____________ tes affaires !	ramasser
d) ____________ de jouer !	arrêter
e) ____________ de t-shirt !	changer
f) ____________ ta fenêtre !	ouvrir
g) ____________ faire du sport !	aller
h) ____________ quand je t'appelle !	venir

264 ★★☆ Was Emma verbietet

So gut war ich.

Drücke Verbote in der 2. Person Plural des Imperativs aus.

Emma dit à son frère et à sa sœur:

Beispiel: *Ne lisez pas* mes textos !	lire
a) ____________ mes affaires !	prendre
b) ____________ devant la télé !	rester
c) ____________ dans ma chambre !	venir
d) ____________ de bêtises !	faire
e) ____________ trop de coca !	boire
f) ____________ ça à maman !	dire
g) ____________ sans pull !	sortir

263 a) Fais; **b)** Mets; **c)** Ramasse; **d)** Arrête; **e)** Change; **f)** Ouvre; **g)** Va; **h)** Viens.
264 a) Ne prenez pas; **b)** Ne restez pas; **c)** Ne venez pas; **d)** Ne faites pas de bêtises;
e) Ne buvez pas; **f)** Ne dites pas; **g)** Ne sortez pas.

265 ★☆☆ Pläne für das Wochenende

So gut war ich.

Was werden sie demnächst tun? Bilde das *Futur composé* der Verben.

a) Théo ______________________ son vélo.	prendre
b) Il ______________________ ses copains.	rencontrer
c) Ils ______________________ du foot ensemble.	faire
d) Moi, je ______________________ du piano.	jouer
e) Mes parents ______________________ chez mamie.	aller
f) Et toi, qu'est-ce que tu ______________________ ?	faire
g) Sylvie ______________________ chez moi.	venir
h) On ______________________ une vidéo.	regarder

266 ★★☆ Sehr bald

So gut war ich.

Wähle jeweils das passende Verb aus der Liste aus, und ergänze es im *Futur composé*.

acheter – aller – arriver – chercher – ne pas faire – passer – ne pas rester

a) Qu'est-ce que vous faites ce week-end ? – On ______________________ à la campagne.

b) Qu'est-ce que tu fais après l'école ? – Je ______________________ à la librairie.

c) Ils sont déjà là ? – Non, ils ______________________ ce soir.

d) Alors quoi, les enfants ! Vous ______________________ au lit jusqu'à midi !

e) Tu es fou ! Tu ______________________ ça !

f) Ton frère quitte le collège ? – Oui, il ______________________ un travail.

g) Tu manges à la cantine ? – Non, je ______________________ un sandwich.

265 a) va prendre; **b)** va rencontrer; **c)** vont faire; **d)** vais jouer; **e)** vont aller; **f)** vas faire; **g)** va venir; **h)** va regarder.
266 a) va aller; **b)** vais passer; **c)** vont arriver; **d)** n'allez pas rester; **e)** ne vas pas faire; **f)** va chercher; **g)** vais acheter.

267 ★☆☆ *Tu as passé un bon dimanche ?*

So gut war ich. ☺ 😐 ☹

Ergänze die *Participes passés* der angegebenen Verben auf *-er*.

Qu'est-ce que tu as fait dimanche ?

a) Ben, j'ai un peu ____________________ pour l'école.

b) J'ai ____________________ mon exposé.

c) Après, j'ai ____________________ sur l'ordinateur.

d) A midi, on a ____________________ en famille.

e) Puis Cathie m'a ____________________.

f) On a ____________________ une heure ensemble.

g) Elle a ____________________ de passer.

h) Ensemble, on a ____________________ une série super.

travailler
préparer
jouer
manger
téléphoner
parler
proposer
regarder

268 ★☆☆ Die *Participes passés* auf *-u*

So gut war ich. ☺ 😐 ☹

Verbinde die Infinitive mit den passenden *Participes passés*.

a) avoir	**1** pu
b) vouloir	**2** vendu
c) voir	**3** attendu
d) savoir	**4** bu
e) pouvoir	**5** eu
f) boire	**6** voulu
g) répondre	**7** vu
h) vendre	**8** répondu
i) attendre	**9** su

267 a) travaillé; **b)** préparé; **c)** joué; **d)** mangé; **e)** téléphoné; **f)** parlé; **g)** proposé; **h)** regardé.
268 a) + 5; **b)** + 6; **c)** + 7; **d)** + 9; **e)** + 1; **f)** + 4; **g)** + 8; **h)** + 2; **i)** + 3.

269 ★★☆ In der Schule

So gut war ich. ☺ 😐 ☹

Kreuze die korrekte Form des *Participe passé* an.

a) J'ai	◯ ouvrir	◯ ouvre	◯ ouvert	mon cahier.
b) J'ai	◯ fais	◯ faire	◯ fait	le test.
c) J'ai	◯ répondu	◯ réponds	◯ répondre	aux questions.
d) J'ai	◯ écrire	◯ écrit	◯ écris	tous les mots.
e) J'ai	◯ lu	◯ lire	◯ lis	les textes.
f) J'ai beaucoup	◯ apprendre.	◯ appris.	◯ apprends.	
g) Mon prof m'a	◯ dire:	◯ dis:	◯ dit:	«Bravo !»
h) Et j'ai	◯ été	◯ eu	◯ être	très contente.

270 ★★☆ *Au voleur !*

So gut war ich. ☺ 😐 ☹

Trage die Verben im *Passé composé* ein.

Samedi dernier,

a) Emma et Adrien ______________ un cadeau pour Thomas.	chercher
b) Au Forum des Halles, Emma ______________ une BD.	trouver
c) Dans le magasin, ils ______________ Mme Roland.	voir
d) Mme Roland ______________ son sac pour payer.	ouvrir
e) Mais, tout à coup, un homme ______________ Mme Roland.	bousculer
f) Et il ______________ son porte-monnaie.	voler
g) Mme Roland ______________: «Au voleur !»	crier
h) Adrien ______________ après le voleur.	courir
i) Et Emma ______________ la police.	appeler

269 a) ouvert; **b)** fait; **c)** répondu; **d)** écrit; **e)** lu; **f)** appris; **g)** dit; **h)** été.

270 a) ont cherché; **b) a)** trouvé; **c)** ont vu; **d) a)** ouvert; **e) a)** bousculé; **f) a)** volé; **g) a)** crié; **h) a)** couru; **i) a)** appelé.

So gut war ich.

271 ★☆☆ Das *Passé Composé* mit *être*

Verbinde die Subjektpronomen mit den passenden Satzteilen. Achte dabei auf die Endungen der *Participes passés*.

a) Je (= Sylvie)	**1** sont allés au restaurant.
b) Tu (= Thomas)	**2** suis sortie avec des amis.
c) Tu (= Emma)	**3** sommes restés à la maison.
d) Julien	**4** es revenu quand ?
e) Sophie	**5** est arrivé hier soir.
f) Nous	**6** sont rentrées tard.
g) Vous	**7** est descendue à la troisième station.
h) Manon et Max	**8** es venue en classe hier ?
i) Les filles Carbonne	**9** êtes allés au cinéma ?

So gut war ich.

272 ★★☆ Das ist leider schon vorbei.

Setze die Verben ins *Passé composé*.

a) Antony et Julie ______________________ en Italie.	aller
b) Ils ______________________ une semaine à Pise.	rester
c) Julie ______________________ dans les musées.	aller
d) Antony ______________________ sur la célèbre tour.	monter
e) Le soir, ils ______________________.	sortir
f) Leurs amis ______________________ en Alsace en vélo.	partir
g) Ils ______________________ à Colmar à cinq heures.	arriver
h) Le soir, ils ______________________ à l'auberge de jeunesse.	rester

271 a) + 2; **b)** + 4; **c)** + 8; **d)** + 5; **e)** + 7; **f)** + 3; **g)** + 9; **h)** + 1; **i)** + 6.

272 a) sont allés; **b)** sont restés; **c)** est allée; **d)** est monté; **e)** sont sortis; **f)** sont partis; **g)** sont arrivés; **h)** sont restés.

So gut war ich.

273 ★★☆ War euer Urlaub schön?

David und Amélie erzählen, was sie in den Ferien gemacht haben. Vervollständige die Sätze mit den passenden Formen von *avoir* bzw. *être*.

David, est-ce que tu as passé de bonnes vacances ?

a) – Au début, oui: mon correspondant ___________ venu chez moi.

b) On ___________ souvent sortis ensemble.

c) Puis, il ___________ rencontré une fille sympa.

d) Et moi, je ___________ resté seul !

Et toi, Amélie ?

e) – Ben, moi, je ___________ allée à la mer avec mes parents.

f) Nous ___________ passé deux semaines en Bretagne.

g) J'___________ beaucoup lu sur la plage.

h) Et puis, une famille allemande ___________ arrivée.

i) Alors, j'___________ souvent joué avec les enfants.

j) On ___________ eu des problèmes pour parler. Mais on ___________ bien rigolé.

So gut war ich.

274 ★★★ Was habt ihr am Wochenende gemacht?

Konjugiere die gemischten Verben.

a) Les garçons ______________________ au rugby.	jouer
b) Pierre ______________________ au cinéma.	aller
c) Moi, j'______________________ la télé.	regarder
d) Nous, on ______________________ en famille.	manger
e) Nina ______________________ voir ses grands-parents.	être
f) Léa ______________________ de vacances.	rentrer
g) Max et Léa ______________________ chez moi.	venir

273 a) est; **b)** est; **c)** a; **d)** suis; **e)** suis; **f)** avons; **g)** ai; **h)** est; **i)** ai; **j)** a; a.

274 a) ont joué; **b)** est allé; **c)** ai regardé; **d)** a mangé; **e)** a été; **f)** est rentrée; **g)** sont venus.

275 ★☆☆ Im Präsens

So gut war ich.

Finde die passenden Präsens-Formen der Verben.

a) Je finis → Nous ______

b) Tu choisis → Vous ______

c) Il applaudit → Ils ______

d) Nous réfléchissons → Tu ______

e) Ils réussissent → Elle ______

f) On finit → Vous ______

g) Vous applaudissez → Tu ______

276 ★★☆ *Que faire après le collège ?*

So gut war ich.

Konjugiere im Präsens.

a) Adrien ______ bientôt le collège.	finir
b) Ses parents et lui ______ à son avenir.	réfléchir
c) Comme Adrien ______ bien en maths,	réussir
d) il ______ l'option scientifique.	choisir
e) Ses parents ______ ce choix.	applaudir
f) Et maintenant sa mère lui dit: «Ce soir,	
tu ______ le menu que tu veux.»	choisir
g) Adrien ______ deux minutes, puis il dit:	réfléchir
h) «Alors, je ______ des spaghettis.»	choisir

275 a) finissons; **b)** choisissez; **c)** applaudissent; **d)** réfléchis; **e)** réussit; **f)** finissez; **g)** applaudis.
276 a) finit; **b)** réfléchissent; **c)** réussit; **d)** choisit; **e)** applaudissent; **f)** choisis; **g)** réfléchit; **h)** choisis.

277 ★★☆ *J'ai fini !*

So gut war ich. ☺ 😐 ☹

Setze die vorgegebenen Verben ins *Passé composé*.

a) Qu'est-ce que vous ________________ de faire ?	choisir
b) Vous ________________ l'école à quelle heure ?	finir
c) Manon ________________ à l'école.	réussir
d) Pourquoi est-ce que tu ________________ ?	applaudir
e) Ils ________________ au problème.	réfléchir
f) J'________________ mes devoirs.	finir
g) Elle ________________ son exposé.	bien réussir
h) Tu ________________ le menu ?	choisir
i) On ________________ encore un peu.	réfléchir

278 ★★☆ Wie bereitest du ein gutes Referat vor?

So gut war ich. ☺ 😐 ☹

Ergänze die folgenden Sätze (Pr = Präsens, PC = *Passé composé*).

a) Aline: Moi, je ________________ bien au sujet. Puis, je note mes idées.	réfléchir (Pr)
b) Léo: Ben, moi, je ________________ un sujet qui me plaît.	choisir (Pr)
c) Comme ça, je ________________ à trouver des idées.	réussir (Pr)
d) Aline: Quand j'________________ mon sujet, je fais un plan.	choisir (PC)
e) Léo: Quand, j'________________ d'écrire le texte, je relis tout.	finir (PC)
f) Aline et Léo: Et on est très contents, quand la classe ________________ !	applaudir (Pr)

277 a) avez choisi; **b)** avez fini; **c) a)** réussi; **d)** as applaudi; **e)** ont réfléchi; **f)** j'ai fini; **g) a)** bien réussi; **h)** as choisi; **i) a)** réfléchi.
278 a) réfléchis; **b)** choisis; **c)** réussis; **d)** ai choisi; **e)** ai fini; **f)** applaudit.

279 ★★☆ Es kriselt.

So gut war ich. ☺ 😐 ☹

Setze die vorgegebenen Verben ins Präsens.

a) Cécile ________________ mal ses amis.	choisir
b) Aujourd'hui, elle ________________ que Léo n'est pas gentil.	découvrir
c) Elle lui dit: «Tu ________________ toujours avec tes copains.	sortir
d) Et après, tu ________________ jusqu'à midi.	dormir
e) Les autres garçons ________________ des cadeaux à leur copine.	offrir
f) Toi, tu ne m'________________ rien !	offrir
g) Et tu ________________ toujours à m'énerver.	réussir
h) Alors c'est fini entre nous. Je ________________ sans toi !	partir
i) Et je ________________________ tes e-mails !»	ne plus ouvrir

280 ★★★ Ein schüchterner Bewunderer

So gut war ich. ☺ 😐 ☹

Setze die Verben ins *Passé composé*.

a) Théo ________________________ une vidéo.	choisir
b) Puis, il ________________________ du magasin.	sortir
c) Il ________________________ cette vidéo à Aline.	offrir
d) Quand Aline ________________________ son cadeau,	ouvrir
e) elle ________________________ son film préféré.	découvrir
f) Mais elle ________________________ à lui dire merci	ne pas réussir
g) parce que Théo ________________________ très vite.	partir

279 a) choisit; **b)** découvre; **c)** sors; **d)** dors; **e)** offrent; **f)** offres; **g)** réussis; **h)** pars; **i)** n'ouvre plus.
280 a) a choisi; **b)** est sorti; **c)** a offert; **d)** a ouvert; **e)** a découvert; **f)** n'a pas réussi; **g)** est parti.

So gut war ich.

281 ★☆☆ Sich verstecken

Füge die passenden Reflexivpronomen ein.

a) Les enfants ___________ disputent souvent.

b) Tu ___________ lèves à quelle heure ?

c) Mon chat aime ___________ cacher sous mon lit.

d) L'histoire ___________ passe dans les Pyrénées.

e) Je n'aime pas ___________ lever tôt.

f) Vous voulez ___________ promener ?

g) On ne ___________ amuse pas beaucoup ici.

h) Tu ne dois pas ___________ éloigner du groupe !

So gut war ich.

282 ★★☆ Dans le parc d'aventure

Setze die Verben ins Präsens.

a) Les familles Bajot et Carbonne ______________________________ dans les Pyrénées.	se rencontrer
b) Ils ______________________________ tôt pour aller dans le parc Chloro'fil.	se lever
c) Victor Bajot ______________________________ avec Emma.	se promener
d) Mais Fabien ne ______________________________ pas beaucoup.	s'amuser
e) Il trouve que Victor ______________________________ trop à Emma.	s'intéresser
f) Il pense: «Si je ______________________________, Emma va me chercher.»	se cacher
g) Alors il ______________________________ du chemin.	s'éloigner
h) Et il ______________________________ à courir comme un fou.	se mettre

281 a) se; **b)** te; **c)** se; **d)** se; **e)** me; **f)** vous; **g)** s'; **h)** t'.

282 a) se rencontrent; **b)** se lèvent; **c)** se promène; **d)** ne s'amuse pas; **e)** s'intéresse; **f)** me cache; **g)** s'éloigne; **h)** se met.

283 ★☆☆ Es muss sein!

So gut war ich. ☺ 😐 ☹

Formuliere die Sätze um. Benutze *devoir*.

Beispiel:
Il faut mettre un casque. *Je dois mettre un casque.*

a) Il faut changer de train. Nous ____________________

b) Il faut acheter les billets. Vous ____________________

c) Il faut envoyer une carte à mamie. On ____________________

d) Il faut aussi trouver un cadeau. Ils ____________________

e) Il faut demander de l'argent à maman. Nous ____________________

f) Il faut faire tous les exercices. Tu ____________________

284 ★★☆ Was Freunde alles von einem wollen!

So gut war ich. ☺ 😐 ☹

Formuliere die folgenden Aufforderungen um. Benutze *devoir*.

Beispiel: Ne sors pas sans moi ! *Tu ne dois pas sortir sans moi.*

a) Ne le crois pas ! ____________________

b) N'en parlons plus ! ____________________

c) Envoyez-leur un message ! ____________________

d) N'apporte rien ! ____________________

e) Ne m'oubliez pas ! ____________________

f) Appelle-moi tous les jours ! ____________________

283 a) devons changer; **b)** devez acheter; **c)** doit envoyer; **d)** doivent aussi trouver; **e)** devons demander; **f)** dois faire.
284 a) Tu ne dois pas le croire. **b)** Nous ne devons plus en parler. **c)** Vous devez leur envoyer un message.
d) Tu ne dois rien apporter. **e)** Vous ne devez pas m'oublier. **f)** Tu dois m'appeler tous les jours.

285 ★★☆ Es ist soeben passiert.

So gut war ich. ☺ 😐 ☹

Setze die Aussagen ins Präsens. Verwende dabei *venir de*.

Beispiel: Les élèves ont quitté la salle. *Les élèves viennent de quitter la salle.*

a) Nous sommes sortis du collège.

b) On est juste arrivés à la maison.

c) Tu as compris juste maintenant ?

d) Elles sont parties il y a deux minutes.

286 ★★☆ Was machst du gerade?

So gut war ich. ☺ 😐 ☹

Du rufst verschiedene Freunde an. Sie sagen dir, was sie gerade tun. Betone die Aktualität der Handlung mit *être en train de* + Infinitiv.

a) Moi, je lis un livre super.

b) Léo et Marion apprennent leurs leçons.

c) Dani téléphone.

d) Nous mangeons.

285 a) Nous venons de sortir; **b)** On vient d'arriver; **c)** Tu viens de comprendre; **d)** Elles viennent de partir.
286 a) Je suis en train de lire. **b)** Ils sont en train d'apprendre. **c)** Il est en train de téléphoner.
e) Nous sommes en train de manger.

So gut war ich.

287 ★☆☆ Das Kreuz mit den Verben

Die folgenden Verben stehen alle im Präsens. Finde die richtige Form und kreuze sie an.

a) Il	◯ rit	◯ ris	◯ rire	comme un fou.
b) Vous	◯ recevez	◯ recevons	◯ reçoivent	encore des lettres ?
c) Vous	◯ connais	◯ connaitre	◯ connaissez	la ville ?
d) Tu	◯ courir	◯ cours	◯ court	trop vite pour moi !
e) Ils	◯ vivrent	◯ vivent	◯ vit	ici depuis deux ans.
f) Ces CD me	◯ plaisons.	◯ plaire.	◯ plaisent.	
g) Je ne	◯ crois	◯ croire	◯ croit	pas ça.
h) Tu	◯ conduisez	◯ conduis	◯ conduises	bien.

So gut war ich.

288 ★★☆ *Le nouveau*

Konjugiere die angegebenen Verben im Präsens.

a) Il y a un nouveau qui ____________________ dans le quartier.	vivre
b) Il ____________________ Yann.	s'appeler
c) Je le ____________________ un peu.	connaître
d) Son père le ____________________ quelquefois au collège.	conduire
e) Il me ____________________ beaucoup.	plaire
f) Toutes les filles lui ____________________ après !	courir
g) Il ____________________ beaucoup d'invitations.	recevoir
h) Tu ____________________ que je lui ____________________ ?	croire – plaire
i) Pourquoi tu ____________________ quand je dis ça ?	rire

287 a) il rit; **b)** vous recevez; **c)** vous connaissez; **d)** tu cours; **e)** ils vivent; **f)** ces CD me plaisent; **g)** je ne crois pas; **h)** tu conduis.

288 a) vit; **b)** s'appelle; **c)** connais; **d)** conduit; **e)** plaît; **f)** courent; **g)** reçoit; **h)** crois; plais; **i)** ris.

289 ★☆☆ Ganz einfache Formen!

So gut war ich. ☺ 😐 ☹

Bilde aus der 1. Person Plural (die *nous*-Form) Präsens das *Imparfait* der Verben.

présent	imparfait
a) nous allons	tu
b) nous prenons	elle
c) nous avons	on
d) nous finissons	il
e) nous dormons	ils
f) nous faisons	on

présent	imparfait
g) nous connaissons	je
h) nous habitons	vous
i) nous attendons	il
j) nous voulons	je
k) nous pouvons	tu
l) nous sortons	nous

290 ★★☆ Früher

So gut war ich. ☺ 😐 ☹

Setze die markierten Verben ins *Imparfait*.

Avant, ...	**Maintenant, ...**
a) j'________________ à l'école.	je vais au collège.
b) il ________________ le bus seul.	il prend le bus avec moi.
c) ils ________________ à Paris.	ils habitent à Toulouse.
d) il ________________ un vélo.	il a une voiture.
e) tu ________________ de la flûte.	tu fais du piano.
f) vous ________________ l'anglais	vous apprenez le français.
g) elles ________________ à la maison	elles mangent à la cantine.

289 a) allais; **b)** prenait; **c)** avait; **d)** finissait; **e)** dormaient; **f)** faisait; **g)** connaissais; **h)** habitiez; **i)** attendait; **j)** voulais; **k)** pouvais; **l)** sortions.

290 a) allais; **b)** prenait; **c)** habitaient; **d)** avait; **e)** faisais; **f)** appreniez; **g)** mangeaient.

So gut war ich. ☺ 😐 ☹

291 ★★★ Ma tante raconte

Setze die Verben ins *Imparfait*.

a) Quand j'__________ seize ans,	avoir
b) je __________ plus aux garçons qu'à l'école.	s'intéresser
c) Les filles __________ des vêtements noirs.	porter
d) On __________ en disco le samedi mais	aller
e) moi, je __________ rentrer avant minuit.	devoir
f) Je __________ ça parce que mes copains	détester
g) __________ toujours.	rigoler
h) Alors, j'__________ en colère contre mes parents.	être

So gut war ich. ☺ 😐 ☹

292 ★★★ Frühere Zeiten

Christian erzählt von seinen ersten Eindrücken in Frankreich. Setze die Verben ins *Imparfait*.

a) Au début, je __________ français.	ne pas bien parler
b) Alors, je __________ tout.	ne pas comprendre
c) Je __________ d'amis.	ne pas encore avoir
d) Je __________ un peu seul.	se sentir
e) Je __________ beaucoup.	ne pas sortir
f) Je __________ des heures chez moi.	passer
g) Je __________ Emma.	ne pas encore connaître
h) Je __________ beaucoup la ville.	ne pas aimer
i) Tout __________ bizarre pour moi.	être

291 a) avais; **b)** m'intéressais; **c)** portaient; **d)** allait; **e)** devais; **f)** détestais; **g)** rigolaient; **h)** étais.
292 a) je ne parlais pas bien; **b)** je ne comprenais pas; **c)** je n'avais pas encore; **d)** je me sentais; **e)** je ne sortais pas; **f)** je passais; **g)** je ne connaissais pas encore; **h)** je n'aimais pas; **i)** était.

So gut war ich.

293 ★★☆ Ein Flirttyp

Kreuze in dieser Geschichte jeweils die richtige Zeitform an.

a) Quand Elodie	◯ est arrivée	◯ arrivait	chez David,
b) Laurent	◯ dansait	◯ a dansé	avec Charlotte.
c) Avant, Elodie	◯ trouvait	◯ a trouvé	Laurent sympa.
d) Mais ce soir-là, elle	◯ comprenait	◯ a compris	
e) qu'il	◯ draguait	◯ a dragué	toutes les filles.
f) Alors elle	◯ n'a plus voulu	◯ ne voulait plus	le voir.
g) Elle en	◯ parlait	◯ a parlé	à Charlotte.
h) Et elles	◯ décidaient	◯ ont décidé	de ne plus lui parler.

So gut war ich.

294 ★★★ Nathans Geschichte

Nathan ist ein Zirkuskind. Er erzählt von seinem Leben. Trage die Verben in den passenden Zeitformen der Vergangenheit ein. Wähle jeweils die richtige Form des Subjektpronomens.

a) Moi, je / j'________________________ dans toute l'Europe

b) et je / j'________________________ d'école parce que

c) mes parents ________________________ longtemps au même endroit.

d) A huit ans, je / j'________________________ des animaux.

e) Après, je / j'________________________ le métier de clown.

f) Alors tous les soirs, je / j'________________________ mon numéro.

g) Mais moi, je / j'________________________ envie d'aller à l'école.

voyager

souvent changer

ne pas rester

s'occuper

apprendre

faire

avoir

293 a) est arrivée; **b)** dansait; **c)** trouvait; **d)** compris; **e)** draguait; **f)** n'a plus voulu; **g)** parlé; **h)** ont décidé.

294 a) j'ai voyagé; **b)** j'ai souvent changé ; **c)** ne restaient pas; **d)** je m'occupais; **e)** j'ai appris; **f)** je faisais; **g)** j'avais.

So gut war ich. ☺ 😐 ☹

295 ★★★ Die Ziege von M. Seguin (ein Märchen)

Setze die Verben ins *Passé composé* bzw. ins *Imparfait*.

M. Seguin (**a**) (avoir) ________________ une jolie chèvre, Blanquette, (**b**) qu'il (aimer) ________________ beaucoup. (**c**) Elle (être) ________________ dans un endroit merveilleux. Et tous les jours, (**d**) il (venir) ________________ la voir. Mais (**e**) Blanquette (se sentir) ________________ comme en prison. (**f**) Elle (rêver) ________________ de courir dans la montagne. Et puis, un jour, (**g**) elle (réussir) ________________ à couper la corde et (**h**) elle (courir) ________________ vers la liberté. Au début, (**i**) elle (être) ________________ toute contente, mais quand (**j**) la nuit (tomber) ________________, (**k**) elle (commencer) ________________ à avoir peur. Et tout à coup, (**l**) elle (voir) ________________ le loup (Wolf) arriver.

Pauvre Blanquette !

So gut war ich. ☺ 😐 ☹

296 ★★★ Eine E-Mail

Sandra schreibt eine E-Mail an ihre französische Freundin. Sie hat noch einige Schwierigkeiten mit den Vergangenheitsformen. Korrigiere ihre 7 Fehler. Achte besonders auf die Anwendung von *Passé composé / Imparfait* und auf die Endungen der *Participes passé*.

Salut Caro,
Encore merci pour ton accueil. (**a**) Je passais des vacances super. (**b**) Tu me montrais beaucoup de choses nouvelles et (**c**) je m'ai bien amusé. (**d**) Je suis très contente de te revoir. Je garde un bon souvenir de la soirée (**e**) où nous sommes aller toutes les deux. (**f**) On a porté nos nouveaux jeans et on a été les plus belles !

____

____

____

____

____

295 a) avait; **b)** aimait; **c)** était; **d)** venait; **e)** se sentait; **f)** rêvait; **g)** réussi; **h)** couru; **i)** était; **j)** est tombée; **k)** commencé; **l)** vu.
296 a) J'ai passé; **b)** Tu m'as montré; **c)** Je me suis bien amusée; **d)** J'ai été; **e)** nous sommes allées; **f)** On portait; était.

297 ★☆☆ Eine einfache Konjugation

So gut war ich. ☺ 😐 ☹

Bilde aus dem *Imparfait* das *Plus-que-parfait* der Verben.

a) Je mangeais. J'______________________

b) Elle allait. Elle ______________________

c) On prenait. On ______________________

d) Ils jouaient. Ils ______________________

e) Je finissais. J'______________________

f) Tu venais. Tu ______________________

g) Il préférait. Il ______________________

h) Nous voulions. Nous ______________________

i) Elle ouvrait. Elle ______________________

298 ★★☆ Was hatten sie vorher getan?

So gut war ich. ☺ 😐 ☹

Setze die Verben ins *Plus-que-parfait*.

a) Il ______________ le français avant de venir ici.	apprendre
b) Elle ______________ la porte à clé avant de partir.	fermer
c) J'______________ de l'argent avant de sortir.	prendre
d) Tu m'______________ ta photo avant notre rencontre.	envoyer
e) Il ______________ sa valise quand je suis arrivée.	déjà faire
f) Ils ______________________ avant notre venue.	tout organiser
g) Vous ______________ des souvenirs avant de rentrer.	acheter

297 a) avais mangé; **b)** étais allée; **c)** avait pris; **d)** avaient joué; **e)** avais fini; **f)** étais venu(e); **g)** avait préféré; **h)** avions voulu; **i)** avait ouvert.
298 a) avait appris; **b)** avait fermé; **c)** avais pris; **d)** avais envoyé; **e)** avait déjà fait; **f)** avaient tout organisé; **g)** aviez acheté.

So gut war ich. ☺ 😐 ☹

299 ★★☆ Ich dachte …

Setze die vorgegebenen Verben ins *Plus-que-parfait*.

Je pensais …

a) qu'il ______________________ ses études.	finir
b) que tu ______________________.	tout préparer
c) qu'ils ______________________.	comprendre
d) que vous ______________________ votre chambre.	ranger
e) que nous ______________________.	tout noter
f) que tu ______________________ ici.	déjà venir

So gut war ich. ☺ 😐 ☹

300 ★★☆ *Parce que …*

Beantworte die Fragen mit dem *Plus-que-parfait*.

a) Pourquoi est-ce que Charlotte est retournée au café ?	
Parce qu'elle ______________________ son sac là-bas.	oublier
b) Pourquoi est-ce que la classe a rigolé ?	
Parce que Mario ______________________ une bêtise.	dire
c) Pourquoi est-ce que le groupe Nice & Forts est passé à la télé ?	
Parce que Samira ______________________ au directeur.	écrire
d) Pourquoi est-ce que tu n'es pas venue à la fête ?	
Parce que je ______________________ d'invitation.	ne pas recevoir
e) Pourquoi est-ce que Jean-Marc est arrivé en retard ?	
Parce qu'il ______________________ son bus.	rater

299 a) avait fini; **b)** avais tout préparé; **c)** ils avaient compris; **d)** aviez rangé; **e)** avions tout noté; **f)** étais déjà venu(e).

300 a) avait oublié; **b)** avait dit; **c)** avait écrit; **d)** n'avais pas reçu; **e)** avait raté.

301 ★☆☆ Immer mit *être*

So gut war ich. ☺ 😐 ☹

Verbinde die Subjekte mit den passenden Satzteilen.
Präge dir die *Passé composé*-Form dieser Verben ein.

a) Thomas	**1** se sont promenés dans le parc.
b) Je	**2** s'est baignés tous les jours.
c) Les copains	**3** s'est bien amusée.
d) Nous	**4** se sont disputées.
e) Tu	**5** me suis disputé avec Corinne.
f) Julia	**6** nous sommes rencontrés dans la rue.
g) Vous	**7** s'est levé avant la fin du film.
h) On	**8** t'es excusée ?
i) Léa et Anne	**9** vous êtes couchés tard ?

302 ★★☆ Puzzle

So gut war ich. ☺ 😐 ☹

Bringe die Satzteile in die richtige Reihenfolge.

a) sont / se / embrassés / ils / . ______________________

b) mise / je / suis / me / en colère / . ______________________

c) t' / avec / tu / disputé / es / lui / . ______________________

d) pas / se / excusées / ne / elles/ sont / . ______________________

e) le bébé / enfin / est / endormi / s' / . ______________________

f) ne / tu / pas / es / t' / baigné / . ______________________

g) vous / lavés / êtes / vous / déjà / . ______________________

301 a) + 7; **b)** + 5; **c)** + 1; **d)** + 6; **e)** + 8; **f)** + 3; **g)** + 9; **h)** + 2; **i)** + 4.
302 a) Ils se sont embrassés. **b)** Je me suis mise en colère. **c)** Tu t'es disputé avec lui. **d)** Elles ne se sont pas excusées.
e) Le bébé s'est enfin endormi. **f)** Tu ne t'es pas baigné. **g)** Vous vous êtes déjà lavés.

303 ★★★ Es kann nur besser werden …

So gut war ich. ☺ 😐 ☹

Wähle das passende Verb aus und setze es ins *Passé composé*.

ne pas s'occuper – s'habiller – se lever – s'énerver – s'excuser
se disputer – tous s'embrasser – se casser

a) Ce matin, Mme Baral ______________________________ trop tard.

b) Après ça, ses enfants ______________________________.

c) Son fils ______________________________ du chat.

d) Sa fille ______________________________ tout en noir.

e) Puis, la bouteille de jus de pomme est tombée et ______________________________.

f) Mme Baral ______________________________.

g) Alors son fils ______________________________.

h) Finalement, ils ______________________________.

Et la journée a mieux continué !

304 ★★★ Was haben sie noch nicht getan?

So gut war ich. ☺ 😐 ☹

Setze die Verben ins *Passé composé*. Verneine jeden Satz mit *ne … pas encore*.

a) Laurent ______________________________. | s'excuser

b) Nous ______________________________. | se rencontrer

c) On ______________________________. | s'embrasser

d) Je ______________________________. | se laver

e) Emma ______________________________. | se réveiller

f) Tu ______________________________. | se préparer

g) Vous ______________________________. | se voir

303 a) s'est levée; **b)** se sont disputés; **c)** ne s'est pas occupé; **d)** s'est habillée; **e)** s'est cassée; **f)** s'est énervée; **g)** s'est excusé; **h)** se sont tous embrassés.
304 a) ne s'est pas encore excusé; **b)** ne nous sommes pas encore rencontré(e)s; **c)** ne s'est pas encore embrassés; **d)** ne me suis pas encore lavé(e); **e)** ne s'est pas encore réveillée; **f)** ne t'es pas encore préparé(e); **g)** ne vous êtes pas encore vu(e)s.

So gut war ich.

305 ★★☆ Von *craindre* zu *rejoindre**

Setze die markierten Verben in die passenden Präsens-Formen.
(rejoindre* = eine Person treffen)**

a) Je crains.
Mes parents ______________________

b) Vous éteignez.
Tu ______________________

c) Camille peint.
Nous ______________________

d) Mon frère se plaint.
Vous ______________________

e) Ils les rejoignent.
Nous les ______________________

f) Vous craignez.
Marc ______________________

g) Nous éteignons.
J'______________________

h) Vous peignez.
On ______________________

i) Tu te plains.
Les élèves ______________________

j) On les rejoint.
Je les ______________________

So gut war ich.

306 ★★★ Das Leben eines Künstlers

Trage die Verben in den vorgegebenen Zeiten ein. (PC: *Passé composé*, Pr: Präsens)

a) Mes voisins ______________________. Pourtant, je ne fais rien.	se plaindre (PC)
b) Je suis artiste et je ______________________.	peindre (Pr)
c) Bon, hier mes copains ______________________.	me rejoindre (PC)
d) Mais à deux heures du matin, j' ______________________.	tout éteindre (PC)
e) Peut-être que les voisins ______________________ que la fête dure jusqu'au matin ?	craindre (PC)
f) Ils ______________________ toujours, les gens bien !	se plaindre (Pr)

305 a) craignent; **b)** éteins; **c)** peignons; **d)** vous plaignez; **e)** rejoignons; **f)** craint; **g)** éteins;
h) peint; **i)** se plaignent; **j)** rejoins.
306 a) se sont plaint; **b)** peins; **c)** m'ont rejoint; **d)** j'ai tout éteint; **e)** ont craint; **f)** se plaignent.

307 ★☆☆ Die Träume eines Künstlers

So gut war ich. ☺ 😐 ☹

Konjugiere die markierten Verben im *Futur simple*.
Tipp: An das *-r* des Infinitivs hängst du die Endungen *ai / as / a / ons / ez / ont*.

a) réussir dans la vie

Tu ____________

Elle ____________

Vous ____________

c) sortir tous les soirs

Tu ____________

Vous ____________

Elle ____________

e) connaître des artistes

Tu ____________

Nous ____________

Elles ____________

b) peindre comme Picasso

Je ____________

Ils ____________

Tu ____________

d) conduire une belle voiture

Tu ____________

Il ____________

Vous ____________

f) vivre dans un atelier

On ____________

Je ____________

Ils ____________

308 ★★☆ Zukunftspläne

So gut war ich. ☺ 😐 ☹

Forme das *Futur composé* ins *Futur simple* um.

a) Ils vont regarder la télé. ____________

b) Je vais vous attendre là-bas. ____________

c) Tu vas rencontrer des gens nouveaux. ____________

d) Nous allons peindre la chambre. ____________

e) Vous allez vivre longtemps ! ____________

f) Il va bientôt s'endormir. ____________

g) Elle va réussir son bac. ____________

307 a) Tu réussiras; Elle réussira; Vous réussirez; **b)** Je peindrai; Ils peindront; Tu peindras; **c)** Tu sortiras; Vous sortirez; Elle sortira; **d)** Tu conduiras; Il conduira; Vous conduirez; **e)** Tu connaîtras; Nous connaîtrons; Elles connaîtront; **f)** On vivra; Je vivrai; Ils vivront.

308 a) Ils regarderont; **b)** J'attendrai; **c)** Tu rencontreras; **d)** Nous peindrons; **e)** Vous vivrez; **f)** Il s'endormira; **g)** Elle réussira.

309 ★★☆ Die Sonderformen des *Futur simple*

So gut war ich. ☺ 😐 ☹

Kreuze jeweils die Form an, mit der das *Futur simple* der markierten Verben gebildet wird.

a) aller	◯ au-	◯ all-	◯ i-	**g)** pouvoir	◯ pou-	◯ pour-	◯ poud-
b) avoir	◯ av-	◯ au-	◯ a-	**h)** recevoir	◯ recev-	◯ reçoiv-	◯ reçu-
c) devoir	◯ doiv-	◯ du-	◯ dev-	**i)** savoir	◯ sav-	◯ sau-	◯ se-
d) être	◯ se-	◯ et-	◯ sau-	**j)** venir	◯ vend-	◯ vene-	◯ viend-
e) faire	◯ fai-	◯ fe-	◯ fer-	**k)** voir	◯ ver-	◯ voye-	◯ ve-
f) falloir	◯ fal-	◯ fau-	◯ faud-	**l)** vouloir	◯ voule-	◯ veud-	◯ voud-

310 ★★☆ *On peut rêver.*

So gut war ich. ☺ 😐 ☹

Setze die Verben ins *Futur simple*.

Un jour, tu verras, ...

a) on ______________ les vacances sur la lune.

b) j'______________ à Tahiti.

c) tu ______________ célèbre.

d) il y ______________ ton nom partout.

e) vous ______________ communiquer sans portable.

f) on ______________ la vérité.

g) nous ______________ ensemble.

passer
aller
être
avoir
pouvoir
savoir
vivre

309 a) i-; **b)** au-; **c)** dev-; **d)** se-; **e)** fe-; **f)** faud-; **g)** pour-; **h)** recev-; **i)** sau-; **j)** viend-; **k)** ver-; **l)** voud-.

310 a) passera; **b)** irai; **c)** seras; **d)** aura; **e)** pourrez; **f)** saura; **g)** vivrons.

So gut war ich.

311 ★★★ Was habt ihr vor?

Setze jeweils im ersten Satzteil die Verben ins *Futur composé* und im zweiten Satzteil die Verben ins *Futur simple*.

a) D'abord, je ________________ du sport,

puis je ________________ une douche.

b) D'abord, Caro ________________ ses e-mails,

puis elle y ________________.

c) D'abord, vous ________________ vos devoirs,

puis vous ________________.

d) D'abord, elles ________________ chez Mona,

puis, elles ________________ chez moi.

faire
prendre
lire
répondre
finir
jouer
aller
passer

So gut war ich.

312 ★★★ Wünsche

Setze die Verben ins *Futur simple*.

J'espère que …

a) tout ________________ bien.

b) nous ________________ bientôt.

c) il ________________ beau demain.

d) tu ________________ mon cadeau.

e) j'________________ à l'heure.

f) ils ________________ une solution.

g) vous ________________ tous présents.

h) ça ________________.

aller
se voir
faire
aimer
arriver
trouver
être
réussir

311 a) vais faire; prendrai; **b)** va lire; répondra; **c)** allez finir; jouerez; **d)** vont aller; passeront.
312 a) ira; **b)** nous verrons; **c)** fera; **d)** aimeras; **e)** arriverai; **f)** trouveront; **g)** serez; **h)** réussira.

313 ★☆☆ Futur = sicher, *Conditionnel* = potentiell möglich

So gut war ich. ☺ 😐 ☹

Vervollständige die Tabelle.

	Infinitif	Futur simple	Conditionnel présent
a)		on verra	on
b)		je voudrai	je
c)	pouvoir	je	je pourrais
d)		vous serez	vous
e)	avoir	il aura	il
f)		ils feront	ils
g)	aller	il	il irait
h)		ils devront	ils

314 ★★☆ So wäre es besser.

So gut war ich. ☺ 😐 ☹

Setze die vorgegebenen Verben ins *Conditionnel présent*.

Comme ça, …

a) je ______________________ plus tôt en vacances. | partir

b) tu ______________________ le train de nuit. | prendre

c) mes copains ______________________ à la gare. | m'attendre

d) on ______________________ moins de temps. | perdre

e) mes parents ______________________ de moi. | ne pas se plaindre

f) Lola ______________________ ma famille. | connaître

g) vous ______________________ la semaine avec moi. | passer

313 a) voir, verrait; **b)** vouloir, voudrais; **c)** pourrai; **d)** être, seriez; **e)** aurait; **f)** faire, feraient; **g)** ira; **h)** devoir, devraient.
314 a) partirais; **b)** prendrais; **c)** m'attendraient; **d)** on perdrait; **e)** ne se plaindraient pas; **f)** connaîtrait; **g)** passeriez.

315 ★★☆ Die höfliche Bitte im Unterricht

So gut war ich. ☺ 😐 ☹

Schüler sprechen mit ihren Lehrern und Klassenkameraden. Setze das markierte Verb ins *Conditionnel présent*.

a) Monsieur, est-ce que vous **pouvez** / ______________________ m'expliquer ce mot ?

b) Je **veux** / ______________________ une copie, moi aussi.

c) Tu **peux** / ______________________ m'aider à faire l'exercice ?

d) On **peut** / ______________________ faire une pause ?

e) Madame, est-ce que je **peux** / ______________________ aller aux W.-C. ?

f) Madame, vous **avez** / ______________________ encore deux minutes pour moi ?

g) Vous **êtes** / ______________________ d'accord avec cette idée d'exposé ?

316 ★★☆ Ideale Welt

So gut war ich. ☺ 😐 ☹

Drücke mit dem *Conditionnel présent* aus, was sich dieses Mädchen alles wünscht.

Dans un monde idéal, …

a) je ______________________ au collège !	ne plus aller
b) il ______________________ de guerres.	ne pas y avoir
c) mes parents me ______________________ plus d'argent !	donner
d) le français ______________________ plus facile !	être
e) Adrien m'______________________.	aimer
f) il ______________________ beau toute l'année.	faire
g) je ______________________ besoin d'apprendre.	ne pas avoir
h) on ______________________ des jobs intéressants.	trouver
i) tout le monde ______________________ la même langue.	parler

315 a) pourriez; **b)** voudrais; **c)** pourrais; **d)** pourrait; **e)** pourrais; **f)** auriez; **g)** seriez.
316 a) n'irais plus; **b)** n'y aurait pas; **c)** donneraient; **d)** serait; **e)** aimerait; **f)** ferait; **g)** n'aurais pas; **h)** trouverait; **i)** parlerait.

So gut war ich.

317 ★★☆ Eine Zeitform für viele Fälle

Setze die folgenden Verben ins *Conditionnel présent*.

a) Il ______________________ faire un cadeau à Manuel.	falloir
b) Ça me ______________________ d'être une star.	plaire
c) Il y ______________________ encore beaucoup de chose à dire.	avoir
d) Ce ______________________ super de ne pas avoir cours !	être
e) Qu'est-ce que tu ______________________ à ma place ?	faire
f) Moi, je ______________________ très content d'avoir des vacances.	être
g) Dans le jardin, vous ______________________ faire une piscine, non ?	pouvoir
h) Dans cette situation, je ______________________ tout à mes parents.	dire
i) Tu ______________________ vivre comme ça, toi ?	vouloir

So gut war ich.

318 ★★★ An ihrer Stelle würde ich alles anders machen.

Wie würdest du handeln? Setze die Verben ins *Conditionnel présent*.

a) Dani part à Paris samedi. Moi, à sa place, je ______________________ en semaine.

b) Elle y reste trois jours. Moi, à sa place, j'y ______________________ six jours.

c) Elle prend le train. Moi, à sa place, je ______________________ l'avion.

d) Elle va à l'auberge de jeunesse. Moi, à sa place, j'______________________ à l'hôtel.

e) Elle va visiter le Louvre. Moi, à sa place, je ______________________ la tour Eiffel.

f) Elle va faire du roller. Moi, à sa place, je ______________________ du shopping.

g) Dimanche, elle va sortir avec sa corres. Moi, à sa place, je ______________________ avec des gens nouveaux.

317 a) faudrait / pourrait; **b)** plairait; **c)** aurait; **d)** serait; **e)** ferais; **f)** serais; **g)** pourriez; **h)** dirais; **i)** voudrais / pourrais.

318 a) partirais; **b)** resterais; **c)** prendrais; **d)** irais; **e)** visiterais; **f)** ferais; **g)** sortirais.

319 ★★☆ Ein starkes Erlebnis

So gut war ich. ☺ 😐 ☹

Setze die Verben ins Präsens bzw. ins *Passé composé*. (Pr: Präsens; PC: *Passé composé*)

M. et Mme Cauvin visitent une grande ville.

a) Ils ________________ la guide pendant des heures.	suivre (Pr)
b) Après trois églises et deux musées,	
M. Cauvin ________________ de faim.	mourir (Pr)
c) On ________________ sur un banc ? dit-il à sa femme.	s'asseoir (Pr)
d) D'accord. Je ________________ de fatigue, dit Mme Cauvin.	mourir (PC)
e) Mais un voleur ________________ les touristes.	suivre (PC)
f) Et il ________________ à côté d'eux, puis a sorti un revolver.	s'asseoir (PC)
g) M. et Mme Cauvin ________________ de peur.	mourir (PC)
Ils n'oublieront jamais ce voyage !	

320 ★★★ Gemischte Zeiten

So gut war ich. ☺ 😐 ☹

Übersetze.

a) Setze dich hierhin. ________________

b) Ich bin ihm gefolgt. ________________

c) Wir werden dem Weg folgen. ________________

d) Sie ist im Jahr 2021 gestorben. ________________

e) Er setzt sich auf die Treppe. ________________

f) Besucht ihr *(= suivre)* einen Tanzkurs? ________________

319 a) suivent; **b)** est mort; **c)** s'assoit; **d)** suis morte; **e) a)** suivi; **f)** s'est assis; **g)** sont morts.
320 a) Assieds-toi ici. **b)** Je l'ai suivi. **c)** On suivra / va suivre le chemin. / Nous suivrons / allons suivre le chemin.
d) Elle est morte en 2021. **e)** Il s'assoit sur l'escalier. **f)** Vous suivez un cours de danse ?

So gut war ich.

321 ★★☆ Es ist nötig.

Ersetze den Ausdruck *il faut* durch *avoir besoin de* im Präsens.

Beispiel:

Il me faut du papier. *J'ai besoin de papier.*

a) Il te faut de l'argent ? ____________________

b) Il lui faut des lunettes. ____________________

c) Il leur faut des photos pour l'école. ____________________

d) Il vous faut des pièces d'un euro. ____________________

e) Pour faire cet exposé, il nous faut du temps. ____________________

So gut war ich.

322 ★★☆ Was man so braucht ...

Wähle aus der Liste die benötigten Sachen aus. Füge die passende Form von *avoir besoin de* ein. Passe, wenn nötig, den Artikel an.

une idée – un sac à dos – des jeunes – une salle – des crayons – un billet – un visa

a) Pour notre fête, on ____________________.

b) Pour prendre le train, tu ____________________.

c) Pour le cadeau, j'____________________.

d) Pour aller dans certains pays, vous ____________________.

e) Pour ce travail, ils ____________________.

f) Pour faire l'affiche, Théo ____________________.

g) Pour faire ce tour, Emma ____________________.

321 a) Tu as besoin d'argent ? **b)** Il / Elle **a)** besoin de lunettes. **c)** Ils / Elles ont besoin de photos. **d)** Vous avez besoin de pièces d'un euro. **e)** Nous avons besoin de temps.

322 a) a besoin d'une salle; **b)** as besoin d'un billet; **c)** ai besoin d'une idée; **d)** avez besoin d'un visa; **e)** ont besoin de jeunes; **f)** besoin de crayons; **g)** besoin d'un sac à dos.

323 ★☆☆ Verben mit einem Stamm

So gut war ich. ☺ 😐 ☹

Trage die Verben zuerst im Präsens, dann im *Subjonctif présent* ein.
Tipp: Die folgenden Verben werden vom Stamm der 3. Person Plural Präsens abgeleitet. Die Endungen lauten: *-e / -es / -e / -ions / -iez / -ent*.

	Infinitif	Présent	Subjonctif présent
a)	parler	ils	qu'ils
b)	réfléchir	ils	que tu
c)	sortir	ils	que vous
d)	perdre	ils	que tu
e)	lire	ils	que tu
f)	écrire	ils	que nous
g)	mettre	ils	que je
h)	vivre	ils	qu'elle

324 ★☆☆ Verben mit zwei Stämmen

So gut war ich. ☺ 😐 ☹

Trage die Verben im *Subjonctif présent* ein.
Tipp: Auch diese Verben werden von der 3. Person Plural *(ils)* im Präsens abgeleitet, aber die *nous*- und *vous*-Formen sind die gleichen wie im *Imparfait*.

a)	prendre	que vous	qu'ils
b)	croire	que nous	qu'ils
c)	venir	que vous	qu'ils
d)	appeler	que nous	qu'ils
e)	recevoir	que vous	qu'ils
f)	devoir	que nous	qu'ils

323 a) parlent, parlent; **b)** réfléchissent, réfléchisses; **c)** sortent, sortiez; **d)** perdent, perdes; **e)** lisent, lises; **f)** écrivent, écrivions; **g)** mettent, mette; **h)** vivent, vive.
324 a) que vous preniez, qu'ils prennent; **b)** que nous croyions, qu'ils croient; **c)** que vous veniez, qu'ils viennent; **d)** que nous appelions, qu'ils appellent; **e)** que vous receviez, qu'ils reçoivent; **f)** que nous devions, qu'ils doivent.

So gut war ich.

325 ★★☆ Was wollen die Eltern?

Trage die passenden Verbformen ein.

Ils veulent …

a) que nous ______________________ bien en classe.	travailler
b) que je ______________________ des vêtements corrects.	mettre
c) que je leur ______________________ ma journée.	raconter
d) que je ______________________ directement à la maison.	rentrer

So gut war ich.

326 ★★☆ Was wollen die Eltern nicht?

Trage die passenden Verbformen ein.

Ils ne veulent pas …

a) qu'on ______________________ trop souvent.	sortir
b) que leur fille ______________________ des amis à la maison.	recevoir
c) que tu ______________________ seul(e) en vacances.	partir
d) qu'on ______________________ tard le dimanche.	dormir

So gut war ich.

327 ★★☆ Und so wird der *Subjonctif* verwendet

Trage die Verben im *Subjonctif présent* ein.
Tipp: Nach den markierten Ausdrücken steht immer der *Subjonctif* im Nebensatz. Präge dir diese Ausdrücke ein.

a) Ça m'énerve qu'il ______________________ toujours des bêtises.	faire
b) Il est temps que tu ______________________ une décision !	prendre
c) Ce serait bien qu'il ______________________ nous voir.	venir
d) C'est dommage que tu ______________________ essayer.	ne pas vouloir

325 a) travaillions; **b)** mette; **c)** raconte; **d)** rentre.
326 a) sorte; **b)** reçoive; **c)** partes; **d)** dorme.
327 a) fasse; **b)** prennes; **c)** vienne; **d)** ne veuilles pas.

So gut war ich.

328 ★★☆ Nach bestimmten Verbformen

Trage die Verben im *Subjonctif présent* ein.
Tipp: Nach den markierten Verben steht immer der *Subjonctif* im Nebensatz. Präge dir diese Verben ein.

a) Je crains qu'il ________________ trop tard.	être
b) Je propose que nous ________________ à la maison.	aller
c) Elle souhaite que son fils ________________ de bonnes notes.	avoir
d) Je regrette que tu ________________________________ venir.	ne pas pouvoir
e) Je ne veux pas qu'ils ________________ tout sur moi.	savoir
f) Je ne crois pas qu'il ________________ faire ce test.	devoir

So gut war ich.

329 ★★★ Übersetzung

Übersetze.

a) Es ist schade, dass du meine Freunde nicht kennst.

____

b) Es ist nicht gut, dass Elodie so oft ausgeht.

____

c) Es ist wichtig, dass du gut überlegst.

____

d) Ich denke nicht, dass das eine gute Lösung ist.

____

328 a) soit; **b)** allions; **c)** ait; **d)** ne puisses pas; **e)** sachent; **f)** doive.
329 a) C'est dommage que tu ne connaisses pas mes copains. **b)** Ce n'est pas bien qu'Elodie sorte si souvent. **c)** C'est important que tu réfléchisses bien. **d)** Je ne crois pas que ce soit une bonne solution.

So gut war ich.

330 ★★☆ *Subjonctif ou infinitif ?*

Die folgenden Sätze sind fehlerhaft. Korrigiere sie.
Tipp: Der *Subjonctif* wird benutzt, wenn Haupt- und Nebensatz (*que*-Satz) unterschiedliche Subjekte haben. Wenn das Subjekt dasselbe ist, benutzt man Infinitivkonstruktionen.

Beispiel: Je suis contente ~~que je sois~~ avec toi. *Je suis contente d'être avec toi.*

a) Je regrette que je ne vienne pas. ______

b) Elle est désolée qu'elle fasse des fautes. ______

c) Ils ont peur qu'ils arrivent trop tard. ______

d) Tu souhaites que tu fasses des études. ______

So gut war ich.

331 ★★★ *Subjonctif ou indicatif ?*

Trage die Verben im *Indicatif présent* bzw. im *Subjonctif présent* ein.

a) Elle espère qu'il ______ beau ce week-end.	faire
b) On dit qu'il ______ malade.	être
c) Je crois qu'elle ______ deux frères.	avoir
d) Je souhaite que tout ______ bien.	aller
e) Tu penses qu'il ______ de Berlin ?	venir

So gut war ich.

332 ★★★ Übersetzung

Übersetze.

a) Es wird Zeit, dass wir essen gehen. Ich denke, die Kantine wird bald schließen.

______

b) Ich hoffe, dass es dir gut geht. ______

c) Ich bedauere, dass du nicht kommst. ______

330 a) Je regrette de ne pas venir. **b)** Elle est désolée de faire des fautes. **c)** Ils ont peur d'arriver trop tard. **d)** Tu souhaites faire des études.
331 a) fera / va faire; **b)** est; **c)** a; **d)** aille; **e)** vient / viendra / va venir.
332 a) Il est temps qu'on aille / que nous allions manger. Je crois que la cantine va bientôt fermer. **b)** J'espère que tu vas bien. **c)** Je regrette que tu ne viennes pas.

333 ★☆☆ Wie hätte es auch sein können?

So gut war ich. ☺ 😐 ☹

Ersetze das *Conditionnel présent* durch das *Conditionnel passé*.

Tipp: Mit dem *Conditionnel passé* drückt man aus, dass eine Handlung in der Vergangenheit hätte stattfinden können, aber nicht wirklich passiert ist.

		Conditionnel présent	**Conditionnel passé**
a)	Avec ce prof,	tu travaillerais plus.	tu ______
b)	Sans le cours de géo,	on finirait plus tôt.	on ______
c)	Dans ce cas-là,	je viendrais.	je ______
d)	Avec un dessin,	je comprendrais mieux.	j' ______
e)	Devant ce chien,	vous auriez aussi peur.	vous ______
f)	Sans ce problème,	ils seraient contents.	ils ______
g)	Normalement,	elle rentrerait avec moi.	elle ______
h)	Avec de la chance,	je verrais ma famille.	j' ______

334 ★★☆ *Regrets*

So gut war ich. ☺ 😐 ☹

Trage die Verben im *Conditionnel passé* ein.

a) Il travaille dans un restaurant. Il ______ être chanteur.	vouloir
b) Elle vit seule. Elle ______ avoir une famille.	aimer
c) Je suis partie sans un mot. J' ______ m'excuser.	devoir
d) Ils sortent ce soir. Ils ______ rester chez eux.	préférer
e) On a perdu le match. On ______ gagner.	vouloir
f) Elle a pris le bus. Elle ______ prendre un taxi.	devoir
g) Je ne l'ai plus rencontré. J' ______ le revoir.	aimer
h) Ils quittent le pays. Ils ______ rester ici.	vouloir

333 a) aurais plus travaillé; **b)** aurait fini; **c)** serais venu(e); **d)** aurais mieux compris; **e)** auriez eu peur; **f)** auraient été contents; **g)** serait rentrée avec moi; **h)** aurais vu.
334 a) aurait voulu; **b)** aurait aimé; **c)** aurais dû; **d)** auraient préféré; **e)** aurait voulu; **f)** aurait dû; **g)** aurais aimé; **h)** auraient voulu.

So gut war ich.

335 ★★★ Die richtige Entscheidung

Elodie überlegt, was andere Mädchen an ihrer Stelle gemacht hätten. Übersetze.

Une autre fille que moi …

a) hätte Ja gesagt. ______

b) wäre mit ihm ausgegangen. ______

c) hätte ein schönes Kleid angezogen. ______

d) wäre froh gewesen. ______

e) hätte über seine Geschichten gelacht. ______

f) hätte einen schönen Abend verbracht. ______

g) hätte sich in ihn verliebt. ______

Mais moi, je ne trouve pas ce garçon intéressant et je ne suis pas sortie avec lui !

So gut war ich.

336 ★★★ Was hätten sie anders gemacht?

Setze die Verben ins *Conditionnel passé*.

a) Laura a arrêté l'école.	
Moi, à sa place, j'______ un peu.	attendre
b) Mon frère est venu m'aider.	
Mon frère, lui, ______.	ne pas venir
c) Ses parents ont accepté.	
Mes parents, eux, ______ d'accord.	ne pas être
d) Elle a pris du poisson.	
Moi, à sa place, j'______ un steak.	prendre
e) J'ai voyagé seule.	
Vous, à ma place, vous ______.	ne pas faire ça

335 a) aurait dit oui; **b)** serait sortie avec lui; **c)** aurait mis une jolie robe; **d)** aurait été contente; **e)** aurait ri / rigolé de ses histoires; **f)** aurait passé une bonne soirée; **g)** serait tombée amoureuse de lui.

336 a) aurais attendu; **b)** ne serait pas venu; **c)** n'auraient pas été; **d)** aurais pris; **e)** n'auriez pas fait ça.

So gut war ich.

337 ★★☆ *Où sont mes affaires ?*

Mme May hat das Zimmer ihres Sohnes aufgeräumt. Bestürzt fragt er nach seinen Sachen. Achte auf die Form des Partizips, um die Fragen und Antworten richtig zu kombinieren.

a) Où sont mes journaux de sport ?
b) Où sont mes clés ?
c) Où est ma bouteille de coca ?
d) Où sont mes vêtements ?
e) Où est mon vieux ballon de rugby ?
f) Où est ma vieille affiche ?
g) Où est mon argent ?

1 Je l'ai jetée.
2 Je les ai lavés.
3 Je l'ai jeté.
4 Je les ai donnés.
5 Je l'ai mis dans ton porte-monnaie !
6 Je les ai mises dans ton sac.
7 Je l'ai donnée aux voisins.

So gut war ich.

338 ★★☆ Beobachte gut.

In jedem Satz findest du ein Partizip, das ein Objekt ersetzt. Kreuze jeweils an, welches Objekt ersetzt wird.

a) Je les ai cherchées partout.

◯ mes papiers ◯ mes enfants ◯ mes lunettes

b) On l'a rencontré ce matin.

◯ Julien ◯ Sophie ◯ Mme Boileau

c) Je vous ai attendus longtemps.

◯ Luc et Sophie ◯ Sophie et Léa ◯ M. Caron

d) Il les a faites en Italie.

◯ des promenades ◯ les photos ◯ ses films

e) «Où es-tu ? Je t'ai appelée trois fois !»

◯ Manon ◯ Valentin ◯ Mme Leroi

337 a) + 4; **b)** + 6; **c)** + 1; **d)** + 2; **e)** + 3; **f)** + 7; **g)** + 5.
338 a) mes lunettes; **b)** Julien; **c)** Luc et Sophie; **d)** les photos; **e)** Manon.

339 ★★★ Bilanz nach den Ferien

So gut war ich.

Sieh dir die folgenden Sätze an. Prüfe jeweils, ob das *Participe passé* vollständig ist.

Adrien pense …

a) aux livres qu'il n'a pas lu_______.

b) à la fille qu'il a rencontré_______.

c) aux histoires amusantes qu'il a entendu_______.

d) aux tours en VTT qu'il a fait_______.

e) au devoir de vacances qu'il n'a pas fini_______.

f) aux messages qu'il a reçu_______.

g) à la belle plage qu'il a découvert_______.

h) au nouveau sport qu'il a pratiqué_______.

i) aux cartes postales qu'il n'a pas envoyé_______.

j) aux nouveaux copains qu'il a connu_______.

340 ★★★ *Dans la classe*

So gut war ich.

Beantworte die Fragen und verwende dabei passende Objektpronomen. Achte auf die Angleichung des *Participe passé*.
Tipp: Das *Participe passé* richtet sich nach dem direkten Objekt (und nicht nach dem indirekten Objekt!), wenn ihm dieses vorausgeht.

a) Vous avez fini vos devoirs ? – Oui, on ______________________________

b) Tu as noté les mots ? – Oui, je ______________________________

c) Vous avez fait les exercices ? – Oui, on ______________________________

d) Nicole a pris les copies ? – Oui, elle ______________________________

e) La chanson a plu à tes copains ? – Oui, elle ______________________________

f) Tu as parlé à ta prof ? – Oui, je ______________________________

339 a) lus; **b)** rencontrée; **c)** entendues; **d)** faits; **e)** fini; **f)** reçus; **g)** découverte; **h)** pratiqué; **i)** envoyées; **j)** connus.
340 a) les a finis; **b)** les ai notés; **c)** les a faits; **d)** les a prises ; **e)** leur a plu; **f)** lui ai parlé.

So gut war ich.

341 ★★☆ Eine historische Zeit

Verbinde die Infinitiv-Formen mit den entsprechenden Formen im *Passé simple*.
Tipp: Das *Passé simple* hat die gleiche Funktion wie das *Passé composé*, wird aber nur noch in literarischen Texten und historischen Berichten benutzt.

a) venir	**1** il partit
b) faire	**2** il vit
c) être	**3** il eut
d) avoir	**4** ils vinrent
e) voir	**5** il voulut
f) partir	**6** elle fut
g) prendre	**7** elle fit
h) vouloir	**8** il vécut
i) vivre	**9** ils prirent

So gut war ich.

342 ★★☆ Eine literarische Zeit

Ersetze die *Passé simple*-Formen durch die *Passé composé*-Formen.

a) Il fit très froid cette année-là. ______________________

b) Ils vécurent longtemps ensemble. ______________________

c) Ils eurent beaucoup d'enfants. ______________________

d) Il fut tout étonné. ______________________

e) Ils vinrent tous au bal. ______________________

f) Ils dansèrent toute la nuit. ______________________

g) Elle voulut l'attendre. ______________________

h) Je pris une décision. ______________________

341 a) + 4; **b)** + 7; **c)** + 6; **d)** + 3; **e)** + 2; **f)** + 1; **g)** + 9; **h)** + 5; **i)** + 8.
342 a) Il **a** fait; **b)** Ils ont longtemps vécu ensemble; **c)** Ils ont eu; **d)** Il **a** été; **e)** Ils sont tous venus; **f)** Ils ont dansé; **g)** Elle **a** voulu; **h)** J'ai pris.

So gut war ich.

343 ★★☆ Verben mit Präpositionen

Füge *à* / *de* bzw. *d'* ein.

a) Arrête _____ jouer et viens mettre la table !

b) Arnaud a appris _____ faire du roller.

c) Tu réussis toujours _____ m'énerver.

d) On a commencé _____ apprendre le français.

e) Ça me plaît _____ écouter de la musique.

f) Une dame a aidé les touristes _____ chercher la rue.

g) Mes copains ont continué _____ discuter.

h) Cécile rêve _____ aller à New-York.

i) Mes parents ont décidé _____ déménager.

So gut war ich.

344 ★★★ Mit oder ohne Präposition?

Füge, wenn nötig, *à* oder *de* / *d'* ein.

a) Je dois _____ aller à la librairie.

b) Véro a préféré _____ continuer l'école.

c) Samira rêve _____ passer à la télé.

d) On a voulu _____ jouer au tennis.

e) Sa sœur apprend _____ lire.

f) Qu'est-ce que tu es en train _____ faire ?

g) Ma mère ne sait pas _____ faire la cuisine.

h) On a continué _____ marcher.

i) Léonard passe ses journées _____ jouer sur l'ordinateur.

344 a) –; **b)** –; **c)** de; **d)** –; **e)** à; **f)** de; **g)** –; **h)** à; **i)** à.

343 a) de; **b)** à; **c)** à; **d)** à; **e)** d'; **f)** à; **g)** à; **h)** d'; **i)** de.

So gut war ich.

345 ★★☆ Infinitive nach Nomen und Adjektiven

Füge *à* oder *de/d'* ein. Präge dir die markierten Ausdrücke ein.

a) Je ne suis pas capable _____ faire ça.

b) Emma est triste _____ quitter Paris.

c) Carole est prête _____ partir.

d) On est obligés _____ attendre.

e) Betty a eu peur _____ rater son train.

f) C'est une recette facile _____ faire.

g) Je n'ai pas envie _____ sortir.

h) Vous avez besoin _____ prendre des vacances.

i) J'ai beaucoup de choses _____ faire.

So gut war ich.

346 ★★★ Gemischte Formen

Füge, wenn nötig, *à* oder *de/d'* ein.

a) J'espère _____ pouvoir venir ce soir.

b) Il a commencé _____ pleuvoir.

c) J'ai essayé _____ appeler sur ton portable.

d) Nous n'avons pas réussi _____ nous mettre d'accord.

e) Julie a décidé _____ ne rien faire pour son anniversaire.

f) Je ne pense pas _____ venir avant neuf heures.

g) Ça me console _____ entendre ça.

h) Il y a des choses difficiles _____ dire.

i) Mes copains été obligés _____ dormir dans la voiture.

345 a) de; **b)** de; **c)** à; **d)** d'; **e)** de; **f)** à; **g)** de; **h)** de; **i)** à.
346 a) –; **b)** à; **c)** de; **d)** à; **e)** de; **f)** –; **g)** d'; **h)** à; **i)** de.

So gut war ich.

347 ★★☆ *C'est … qui*

Verbinde die passenden Satzteile miteinander. Achte dabei auf die Form des Verbs und des Partizips.

a) C'est Manon qui	**1** ai mis la table hier.
b) C'est toi qui	**2** est venu me parler.
c) C'est nous qui	**3** avons préparé le repas.
d) C'est lui qui	**4** m'ont offert ce cadeau.
e) C'est moi qui	**5** avez trouvé ce bijou ?
f) Ce sont elles qui	**6** est arrivée en retard à l'école.
g) C'est vous qui	**7** m'as appelé ce matin ?

So gut war ich.

348 ★★☆ *C'est … que*

Betone die markierten Teile mit *c'est … que*.

a) Le cours commence à huit heures.

____

b) J'ai fait ces photos en France.

____

c) Le public a préféré le chanteur de rap.

____

d) Elle a offert ce livre à René.

____

e) Il faut venir sur la Côte d'Azur en juin.

____

347 a) + 6; **b)** + 7; **c)** + 3; **d)** + 2; **e)** + 1; **f)** + 4; **g)** + 5.
348 a) C'est à huit heures que le cours commence. **b)** C'est en France que j'ai fait ces photos. **c)** C'est le chanteur de rap que le public **a)** préféré. **d)** C'est à René qu'elle **a)** offert ce livre. **e)** C'est en juin qu'il faut venir sur la Côte d'Azur.

So gut war ich.

349 ★★☆ Hervorhebung mit beiden Formen

Füge *qui* oder *que / qu'* ein.

a) C'est là _______ le feu a commencé.

b) C'est elle _______ a organisé le voyage.

c) Ce sont eux _______ ont écrit cette chanson.

d) C'est l'affiche _______ Christian a dessinée.

e) C'est à moi _______ il veut parler, pas à toi !

f) Ce sont les choses _______ intéressent Antonin.

g) C'est justement la question _______ je voulais poser.

So gut war ich.

350 ★★★ Hervorhebung mit beiden Formen

Betone die markierten Teile mit *c'est / ce sont … qui* oder *c'est / ce sont … que*. Ersetze dabei die Personen durch Pronomen.

Beispiel: Je suis sortie avec mes copains. *C'est avec eux que je suis sortie.*

a) Les joueurs de Blagnac ont gagné le match.

____

b) On fête Pâques en avril cette année.

____

c) Tu as payé la dernière fois.

____

d) Mes copines ont dit ça.

____

e) Je voulais voir David.

____

349 a) que; **b)** qui; **c)** qui; **d)** que; **e)** qu'; **f)** qui; **g)** que.
350 a) Ce sont eux qui ont gagné le match. **b)** C'est en avril qu'on fête Pâques cette année.
c) C'est toi qui as payé la dernière fois. **d)** Ce sont elles qui ont dit ça. **e)** C'est lui que je voulais voir.

So gut war ich.

351 ★☆☆ Realistische Vorstellungen?

Links stehen Bedingungen, rechts findest du Folgen. Welche passen zusammen? Verbinde.

a) Si tu arrêtes l'école maintenant,	**1** je me baignerai.
b) Si vous ne fermez pas la porte,	**2** ils seront les champions !
c) Si l'eau est chaude,	**3** nous serons treize à table.
d) Si elle prend ce train,	**4** vous serez en retard.
e) Si on invite Yves et Marie,	**5** tu n'auras pas de diplômes.
f) S'il y a des bouchons,	**6** le chien sortira.
g) S'ils gagnent ce match,	**7** elle arrivera à 14h10.

So gut war ich.

352 ★★☆ Was ist wahrscheinlich?

Setze die Nebensätze ins Präsens und die Hauptsätze ins *Futur simple*.

a) Si tu (venir) ____________________, tes parents (être) ____________________ contents.

b) Si je (faire) ____________________ ce stage, j'(aller) ____________________ en Grèce.

c) Si on (prendre) ____________________ ce chemin, on (arriver) ____________________ plus vite.

d) S'ils (trouver) ____________________ une maison, ils (quitter) ____________________ Nice.

e) Si tu (suivre) ____________________ mes conseils, tu (réussir) ____________________.

f) Si vous (faire) ____________________ ça, vous (perdre) ____________________ votre temps !

g) Si Mona (avoir) ____________________ le temps, elle (faire) ____________________ un gâteau.

351 a) + 5; **b)** + 6; **c)** + 1; **d)** + 7; **e)** + 3; **f)** + 4; **g)** + 2.

352 a) viens; seront; **b)** fais; irai; **c)** prend; arrivera; **d)** trouvent; quitteront; **e)** suis; réussiras; **f)** faites; perdrez; **g)** a; fera.

So gut war ich. ☺ 😐 ☹

353 ★★☆ Wenn …, dann …

Trage die Verben in den passenden Zeiten ein.

a) Si tu travailles pendant les vacances, tu ______________ un peu d'argent.	gagner
b) Si tout ______________ bien, on arrivera vers huit heures.	aller
c) S'il fait beau demain, on ______________ un pique-nique.	faire
d) S'il ______________ son bac, il pourra faire des études.	réussir
e) Si je passe à Lyon, je ______________ te voir.	venir
f) Si mes parents partent ce week-end, on ______________ la maison pour nous !	avoir

So gut war ich. ☺ 😐 ☹

354 ★★★ Wie macht man das?

Bilde *si*-Sätze wie im Beispiel .

Beispiel: Pour avoir plus d'informations, appelez-nous.

Si vous nous appelez, vous aurez plus d'informations.

a) Pour être en forme, faites du sport.

____

b) Pour tout savoir sur les stars, regardez notre site Internet.

____

c) Pour lui plaire, fais-la rire.

____

d) Pour gagner du temps, réfléchissez bien.

____

e) Pour trouver un job de vacances, lis les offres sur Internet.

____

353 a) gagneras; **b)** va; **c)** fera; **d)** réussit; **e)** viendrai; **f)** aura.
354 a) Si vous faites …, vous serez …; **b)** Si vous regardez …, vous saurez tout …; **c)** Si tu la fais rire, tu lui plairas.
d) Si vous réfléchissez bien, vous gagnerez …; **e)** Si tu lis …, tu trouveras …

355 ★☆☆ Heimliche Gedanken

So gut war ich. ☺ 😐 ☹

Hier geht es um unmögliche Bedingungen. Daher musst du alle Verben ins *Imparfait* setzen.

Est-ce que ma vie serait plus facile …

a) si j'________________ un garçon / une fille ?	être
b) si j'________________ plus d'argent ?	avoir
c) si je ________________ faire ce que je veux ?	pouvoir
d) si je ________________ dans un autre pays ?	vivre
e) si je ________________ moins de bêtises ?	faire
f) si mes profs me ________________ des bonnes notes ?	donner
g) s'il y ________________ moins de devoirs à faire ?	avoir
h) si mes parents me ________________ mieux ?	comprendre
i) si les choses ________________ comme je veux ?	se passer

356 ★★☆ Was wäre wenn …?

So gut war ich. ☺ 😐 ☹

Trage die angegebenen im *Conditionnel présent* ein.

venir – pouvoir – dire – manger – jouer – peindre – acheter

a) Si on réfléchissait plus, on ________________ moins de bêtises.

b) Si je pouvais, je ________________ ma chambre en rouge.

c) Si ton frère était sympa, il ________________ nous chercher.

d) S'il faisait plus chaud, on ________________ dehors.

e) Si le concert était moins cher, j'________________ un billet.

f) Si tu avais une voiture, on ________________ sortir le samedi.

g) Si elle prenait des cours, elle ________________ bien du piano.

355 a) étais; **b)** avais; **c)** pouvais; **d)** vivais; **e)** faisais; **f)** donnaient; **g)** avait; **h)** comprenaient; **i)** se passaient.

356 a) dirait; **b)** peindrais; **c)** viendrait; **d)** mangerait; **e)** achèterais; **f)** pourrait; **g)** jouerait.

So gut war ich. ☺ 😐 ☹

357 ★★☆ Sie weiß es besser.

Du erzählst einer Freundin von deinen Plänen. Sie würde alles anders machen. Ergänze.

a) Toi: «Je pense que je vais faire un stage de langues.»

Ta copine: «Si j'étais toi, je ____________________ un stage d'informatique.» — faire

b) Toi: «Je pense que je vais partir en juillet.»

Ta copine: «Si j'étais toi, je ____________________ en septembre.» — partir

c) Toi: «Je pense que je vais d'abord travailler à la poste.»

Ta copine: «Si j'étais toi, je ne ____________________ pas.» — travailler

d) Toi: «Je pense que je ne veux pas demander d'argent à mes parents.»

Ta copine: «Si j'étais toi, je leur ____________________ de m'aider.» — demander

e) Toi: «Je pense que je vais habiter dans une famille.»

Ta copine: «Si j'étais toi, j'____________________ à l'hôtel.» — aller

So gut war ich. ☺ 😐 ☹

358 ★★★ Hypothetische Situationen

Bilde Bedingungssätze, in denen die Erfüllung der Bedingung unwahrscheinlich ist.

a) Si elle (gagner) plus d'argent, elle (acheter) beaucoup de choses.

____

b) Si je (passer) six mois en France, je (parler) très bien français.

____

c) Si vous (prendre) le train, ça (coûter) moins cher.

____

d) Si tu (vouloir) vraiment, tu (réussir).

____

357 a) ferais; **b)** partirais; **c)** travaillerais; **d)** demanderais; **e)** irais.
358 a) Si elle gagnait plus d'argent, elle achèterait; **b)** Si je passais six mois en France, je parlerais;
c) Si vous preniez le train, ça coûterait; **d)** Si tu voulais vraiment, tu réussirais.

359 ★☆☆ Wie wär's wenn … ?

So gut war ich. ☺ 😐 ☹

Mache Vorschläge mit: *Et si on + Imparfait … ?*

Beispiel: *Et si on allait au cinéma ?*	aller au cinéma
a) ______________________	passer nos vacances à Nice
b) ______________________	rester encore un peu
c) ______________________	parler d'autre chose
d) ______________________	se retrouver devant l'entrée
e) ______________________	prendre un taxi
f) ______________________	faire un jeu
g) ______________________	lui demander

360 ★★☆ Offene Vorschläge

So gut war ich. ☺ 😐 ☹

Setze die Verben ins *Imparfait*.

a) Et si vous ____________ ici ?	dormir
b) Et si tu lui ____________ ?	parler
c) Et si tu ____________ les deux jeans ?	acheter
d) Et si on ____________ la fenêtre ?	ouvrir
e) Et si on ____________ des fleurs à maman ?	apporter
f) Et si vous ____________ un peu d'ordre dans vos chambres ?	mettre
g) Et s'il ____________ un peu de sport ?	faire
h) Et si on ____________ encore un moment ?	attendre

359 Et si on … **a)** passait; **b)** restait; **c)** parlait; **d)** se retrouvait; **e)** prenait; **f)** faisait; **g)** lui demandait.
360 a) dormiez; **b)** parlais; **c)** achetais; **d)** ouvrait; **e)** apportait; **f)** mettiez; **g)** faisait; **h)** attendait.

361 ★★☆ Die Hypothese …

So gut war ich. ☺ 😐 ☹

Übersetze die folgenden Bedingungen mit dem *Plus-que-parfait*.

a) Wenn ich Zeit gehabt hätte, …

____

b) Wenn wir diesen Zug genommen hätten, …

____

c) Wenn du mir etwas gesagt hättest, …

____

d) Wenn sie nicht gekommen wäre, …

____

e) Wenn du auf mich gehört hättest, …

____

362 ★★☆ … und die Konsequenz

So gut war ich. ☺ 😐 ☹

Drücke nun die Folgen der oben genannten Bedingungen aus, indem du die Sätze im *Conditionnel passé* fortsetzt.

a) j'____________________ quelque chose.	préparer
b) on ____________________ un jour plus tôt.	arriver
c) j'____________________ t'aider.	pouvoir
d) elle ____________________________ .	ne pas te rencontrer
e) tu ____________________ des vêtements plus chauds.	mettre

361 a) Si j'avais eu le temps; **b)** Si on avait pris ce train; **c)** Si tu m'avais dit quelque chose; **d)** Si elle n'était pas venue; **e)** Si tu m'avais écouté.

362 a) aurais préparé; **b)** serait arrivé(e)s; **c)** aurais pu; **d)** ne t'aurait pas rencontré; **e)** aurais mis.

363 ★★☆ Niemals das *Conditionnel* nach *si*!

So gut war ich. ☺ 😐 ☹

Übersetze die Bedingungssätze mit dem *Plus-que-parfait*.
Tipp: Anders als im Deutschen darfst du im *si*-Teil niemals eine *Conditionnel*-Form verwenden.

a) (Wenn ich es gewusst hätte) ______________________________, je ne serais pas venu.

b) (Wenn sie dabei gewesen wäre) ______________________________, ça ne serait pas arrivé.

c) (Wenn er gekommen wäre) ______________________________, on aurait mangé ensemble.

d) (Wenn ihr angerufen hättet) ______________________________, je vous aurais attendus.

e) (Wenn wir zu Hause geblieben wären) ______________________________, on aurait regardé une série.

f) (Wenn meine Freunde es gewollt hätten) ______________________________, ils auraient réussi.

364 ★★★ Wie wäre es gewesen, wenn . . . ?

So gut war ich. ☺ 😐 ☹

Setze die Nebensätze mit *si* ins *Plus-que-parfait* und die Hauptsätze ins *Conditionnel passé*.

a) S'il (faire beau) ______________________________,
on (sortir) ______________________________.

b) Si j' (avoir le temps) ______________________________,
j' (ranger) ______________________________ la maison.

c) Si on (prendre ce chemin) ______________________________,
on (ne pas se perdre) ______________________________.

d) Si tu (être là) ______________________________,
on (plus s'amuser) ______________________________.

363 a) Si j'avais su; **b)** Si elle avait été là; **c)** S'il était venu; **d)** Si vous aviez appelé; **e)** Si on était / Si nous étions restés à la maison; **f)** Si mes copains avaient voulu.
364 a) avait fait beau; serait sorti(e)s; **b)** avais eu; aurais rangé; **c)** avait pris; ne se serait pas perdu(e)s; **d)** avais été là; se serait plus amusé(e)s.

365 ★★☆ Den Überblick behalten

So gut war ich. ☺ 😐 ☹

Achte auf die Zeiten und verbinde die zusammenpassenden Satzteile.

a) Si Nina était plus sympa,	**1** j'irais faire du ski.
b) S'il avait relu ses phrases,	**2** on vous offrira une journée au parc Astérix.
c) Si vous avez des bonnes notes,	**3** je ne t'aurais pas rencontré.
d) S'ils gagnent ce match,	**4** je l'inviterais à ma fête.
e) Si tu viens dans ma ville,	**5** il aurait fait moins de fautes.
f) S'il y avait plus de neige,	**6** je te présenterai mes copains.
g) Si j'avais pris une autre rue,	**7** ils seront les stars du lycée !

366 ★★★ *Si, si, si*

So gut war ich. ☺ 😐 ☹

Achte auf die Zeitenfolge und ergänze die angegebenen Verben in der passenden Zeitform.

a) S'il ____________________, j'aurais été très déçue.	ne pas venir
b) Si tu mettais d'autres vêtements, tu ____________ plus de succès.	avoir
c) Si l'hôtel est complet, on ____________ à l'auberge de jeunesse.	aller
d) Si tu ____________________ ton numéro, je t'aurais appelé.	me laisser
e) Si l'appartement ____________ plus grand, on ne déménagerait pas.	être
f) S'ils ont une fille, ils l'____________________ Camille.	appeler
g) Si j'avais eu plus d'argent, j'____________________ des souvenirs.	acheter

365 a) + 4; **b)** + 5; **c)** + 2; **d)** + 7; **e)** + 6; **f)** + 1; **g)** + 3.

366 a) n'était pas venu; **b)** aurais; **c)** ira; **d)** m'avais laissé; **e)** était; **f)** l'appelleront; **g)** aurais acheté.

So gut war ich. ☺ 😐 ☹

367 ★★☆ Ein Wort mit vielen Bedeutungen

Kreuze die richtige Form an. Notiere dann rechts die Nummer der jeweiligen Bedeutung des Wortes.

1. falls – 2. wenn (sicher) – 3. wenn (unwahrscheinlich) –
4. wenn bloß – 5. ob – 6. als – 7. immer wenn – 8. sobald

Beispiel:
Ⓧ Quand ◯ Si tu auras dix-huit ans, tu feras comme tu voudras. [2]

a) ◯ Quand ◯ Si je suis né, mes parents étaient encore très jeunes. [ ]

b) ◯ Quand ◯ Si j'avais le choix, je prendrais la meilleure place. [ ]

c) ◯ Quand ◯ Si on arrive au collège, on éteint nos portables. [ ]

d) Je me demande ◯ quand ◯ si c'est une bonne idée. [ ]

e) ◯ Quand ◯ Si tu me voyais en ce moment ! [ ]

f) Je déteste ◯ quand ◯ si tu fais la tête. [ ]

g) ◯ Quand ◯ Si vous serez là-bas, demandez à parler à M. Berlan. [ ]

h) ◯ Quand ◯ Si j'étais né en France, je parlerais facilement le français ! [ ]

So gut war ich. ☺ 😐 ☹

368 ★★☆ Wie ist es gemeint?

Füge *quand* oder *si* ein.

a) ______________ j'arrive chez moi, j'allume toujours mon ordinateur.

b) ______________ tu seras prête, on pourra enfin partir.

c) ______________ ma mère savait ça, elle serait très en colère.

d) ______________ j'étais petite, j'habitais à la campagne.

e) ______________ les vacances sont finies, tout le monde est triste !

f) David voudrait savoir ______________ on va à la fête.

g) ______________ seulement je pouvais dormir un peu !

367 a) quand = 6. als; **b)** si = 3. wenn (*unwahrscheinlich*); **c)** quand = 7. immer wenn; **d)** si = 5. ob; **e)** si = 4. wenn bloß; **f)** quand = 7. immer wenn; **g)** quand = 8. sobald; **h)** si = 3. wenn (*unwahrscheinlich*).
368 a) quand; **b)** quand; **c)** si; **d)** quand; **e)** quand; **f)** si; **g)** si.

So gut war ich.

369 ★☆☆ Äußerungen im Präsens wiedergeben

Caro trifft zwei Freunde auf der Straße. Sie erzählen ihr, was sie vorhaben. Setze die Aussagen in die indirekte Rede. Gleiche, wenn nötig, Pronomen, Verben und Possessivformen an.

	Direkte Aussage	Indirekte Aussage
a)	On va au cinéma.	Ils disent qu’
b)	Il y a un bon film.	et qu’
c)	Tu peux venir avec nous si tu as le temps.	Ils demandent si
d)	Ah, c’est dommage, mais je dois rentrer chez moi	Elle répond que
e)	parce que c’est l’anniversaire de mon frère	
f)	et je vais faire un gâteau.	

So gut war ich.

370 ★☆☆ Eine Frage wiedergeben

Übertrage die Fragen in die indirekte Rede.

a) «Le prof a donné des devoirs ?» Il demande ____________________

____

b) «On se rencontre où ?» Il demande ____________________

c) «Il y a un dessert ?» Il demande ____________________

d) «Tu as payé combien ?» Il demande ____________________

e) «Elle a quel âge ?» Il demande ____________________

f) «Le film commence à quelle heure ?» Il demande ____________________

____

369 a) ils vont ; **b)** il y a; **c)** elle peut venir avec eux si elle **a)** le temps; **d)** c’est dommage mais qu’elle doit rentrer chez elle; **e)** parce que c’est l’anniversaire de son frère; **f)** et qu’elle va faire.
370 a) si le prof **a)** donné des devoirs. **b)** où on se rencontre. **c)** s’il y **a)** un dessert. **d)** combien j’ai payé. **e)** quel âge elle a. **f)** à quelle heure le film commence.

371 ★★☆ Puzzle

So gut war ich.

Bringe die Satzteile der Nebensätze in die richtige Reihenfolge.

a) Il veut savoir envie / elle / de / a / le match / si / voir / .

____

b) Elle répond encore / pas / sait / elle / qu' / ne / .

____

c) Elle ajoute ses parents / de / dépend / que / ça / .

____

d) Je voudrais savoir tu / pourquoi / parles / ne / plus / me / .

____

372 ★★★ Eine Nachricht

So gut war ich.

Clara hat eine E-Mail von Bruno bekommen. Sie erzählt ihrer Schwester, was darin steht. Schreibe ihren Bericht.

Salut Clara,
(**a**) Alors comment ça se passe à Toulouse ? (**b**) Tu aimes ton nouveau collège ? (**c**) Tu as déjà rencontré de nouveaux copains ? (**d**) Pourquoi est-ce que tu ne m'as pas encore écrit ? (**e**) Tu me manques beaucoup (**f**) et je pense souvent à toi. (**g**) Quand est-ce que tu as des vacances ? (**h**) Je peux venir te voir. (**i**) Tu m'aimes toujours ?

Bruno m'a écrit. Il me demande ______________________________

____

____

____

____

____

371 a) si elle **a)** envie de voir le match; **b)** qu'elle ne sait pas encore; **c)** que ça dépend de ses parents; **d)** pourquoi tu ne me parles plus.
372 a) comment ça se passe; **b)** si j'aime mon; **c)** si j'ai rencontré; **d)** Il demande aussi pourquoi je ne lui ai pas encore écrit. **e)** Il dit que je lui manque, **f)** et qu'il pense souvent à moi. **g)** Il veut savoir quand j'ai des vacances. **h)** Il dit qu'il peut venir me voir. **i)** Il demande si je l'aime toujours.

373 ★☆☆ Das Präsens wird zum *Imparfait*

So gut war ich. ☺ 😐 ☹

Erzähle, was gesagt wurde. Denke daran, dass jetzt im Nebensatz das *Imparfait* stehen soll.

a) «Je préfère le cinéma.» Lucie a dit ______________________

b) «Les choses changent vite.» Il a dit ______________________

c) «Elle rentre chez elle.» Fanny a dit ______________________

d) «C'est tout pour aujourd'hui.» La prof a dit ______________________

e) «Je suis née à Lyon.» Claire m'a dit ______________________

f) «On prend le dernier bus.» Ils ont dit ______________________

g) «Il fait beau.» Elle a dit ______________________

h) «Je n'ai pas le temps.» Luc a dit ______________________

374 ★★☆ Die Anpassung des *Futur composé*

So gut war ich. ☺ 😐 ☹

Berichte, was gesagt wurde.
Tipp: Denke daran, dass hier das Verb *aller* ins *Imparfait* zu setzen ist.

a) «Ils vont donner un concert.»

Ils ont dit qu'______________________

b) «Je vais passer à la télé ce soir.»

Elle a dit ______________________

c) «Elle va déménager.»

Elle a dit ______________________

d) «On va t'attendre.»

Ils m'ont dit ______________________

e) «Il va neiger demain.»

Ils ont dit ______________________

373 a) qu'elle préférait; **b)** que les choses changeaient; **c)** qu'elle rentrait; **d)** que c'était tout; **e)** qu'elle était née; **f)** qu'ils prenaient; **g)** qu'il faisait beau; **h)** qu'il n'avait pas.
374 a) qu'ils allaient donner; **b)** qu'elle allait passer; **c)** qu'elle allait déménager; **d)** qu'ils allaient m'attendre; **e)** qu'il allait neiger.

375 ★★☆ Was ist heute passiert?

So gut war ich. ☺ 😐 ☹

Schüler erzählen, was sie heute erlebt haben. Du erzählst diese Geschichten weiter. Nun stehen die Verben im *Plus-que-parfait*.

Les copains disent:	**Mes copains m'ont dit …**
a) «On a bien rigolé.	______________________
b) Max est arrivé en retard.	______________________
c) Léon s'est endormi en classe.	______________________
d) On a fait une excursion avec la prof.	______________________
e) On est allés dans un zoo.	______________________
f) Aline s'est approchée des lions.	______________________
g) La prof a crié.»	______________________

376 ★★☆ Direkte Rede im *Futur simple*

So gut war ich. ☺ 😐 ☹

Berichte, was gesagt wurde. Durch die Zeitverschiebung stehen nun die Verben im *Conditionnel présent*.

a) «Je ferai mes devoirs plus tard.»	Il a dit ______________________
b) «On ira à la piscine.»	Il a dit ______________________
c) «Tu pourras te baigner.»	Elle a dit ______________________
d) «Je t'appellerai.»	Elle m'a dit ______________________
e) «Il y aura plusieurs concerts.»	Il m'a dit ______________________

375 a) qu'ils avaient bien rigolé; **b)** que Max était arrivé; **c)** que Léon s'était endormi; **d)** qu'ils avaient fait; **e)** qu'ils étaient allés; **f)** qu'Aline s'était approchée; **g)** que la prof avait crié.
376 a) qu'il ferait ses devoirs; **b)** qu'on irait; **c)** que je pourrais me baigner; **d)** qu'elle m'appellerait; **e)** qu'il y aurait.

So gut war ich.

377 ★★☆ Gemischte Zeiten

Erzähle, was gesagt wurde.

a) «C'est possible.» Il m'a dit ______

b) «Je viendrai seule.» Elle a écrit ______

c) «J'ai eu un accident.» Il nous a dit ______

d) «Il y aura des bouchons.» Ils ont annoncé ______

e) «On lui donnera ce job.» Il a pensé ______

f) «Ils vont faire leur possible.» Ils ont dit ______

g) «Ils ont vu l'accident.» Ils ont dit ______

h) «Il fera beau.» Ils ont annoncé ______

i) «Je comprends.» Elle m'a dit ______

So gut war ich.

378 ★★★ Zeitverschiebungen in der indirekten Frage

Du erzählst einer Freundin von einer neuen Band. Sie will alles über sie wissen. Gib ihre Fragen wieder.

		Elle m'a demandé …
a)	Ils sont beaux ?	
b)	Le chanteur a quel âge ?	
c)	Ils ont déjà fait un clip vidéo ?	
d)	Tu les as déjà vus en concert ?	
e)	Ils passeront dans notre ville ?	
f)	Ils vont donner des interviews ?	

377 a) que c'était; **b)** qu'elle viendrait; **c)** qu'il avait eu; **d)** qu'il y aurait; **e)** qu'on lui donnerait; **f)** qu'ils allaient faire; **g)** qu'ils avaient vu; **h)** qu'il ferait; **i)** qu'elle comprenait.
378 a) s'ils étaient ; **b)** quel âge avait le chanteur; **c)** s'ils avaient déjà fait; **d)** si je les avais déjà vus; **e)** s'ils passeraient; **f)** s'ils allaient donner.

379 ★★★ Überblick

So gut war ich.

Stimmt die Zeitenfolge in den folgenden Sätzen? Korrigiere, wenn nötig.

a) Elle a répondu qu'elle n'avait pas envie de sortir. ______________________

b) Il nous a dit qu'il arrivera ce soir. ______________________

c) J'ai demandé si on peut camper ici. ______________________

d) On dit qu'il est très malade. ______________________

e) Tu m'as dit que tu n'aimes pas les jeux. ______________________

f) Il nous a raconté qu'il a trouvé un porte-monnaie. ______________________

g) J'ai voulu savoir s'ils viendraient en camping-car. ______________________

h Il a répondu qu'il sera content de me revoir. ______________________

380 ★★★ Zu neugierig!

So gut war ich.

Gib die Fragen wieder.

		Il m'a demandé …
a)	Tu es prête ?	
b)	Tu as préparé ta valise ?	
c)	Qu'est-ce que tu vas faire là-bas ?	
d)	Tu seras de retour quand ?	
e)	Tu es passée chez Aline ?	
f)	Qu'est-ce qu'elle t'a raconté ?	
g)	Pourquoi est-ce que tu fais la tête ?	

379 a) *richtig*; **b)** qu'il arriverait; **c)** on pouvait; **d)** *richtig*; **e)** n'aimais pas; **f)** avait trouvé; **g)** *richtig*; **h)** serait.
380 a) si j'étais prête; **b)** si j'avais préparé ma valise; **c)** ce que j'allais faire; **d)** quand je serais; **e)** si j'étais passée;
f) ce qu'elle m'avait raconté; **g)** pourquoi je faisais.